U0330014

大夏书系

教师专业发展

何以成长

教师专业发展的7项修炼

吴春来 —————— 著

华东师范大学出版社

·上海·

图书在版编目（CIP）数据

何以成长：教师专业发展的 7 项修炼 / 吴春来著 . 上海：华东师范大学出版社，2025.
— ISBN 978-7-5760-5860-4

I. G451.2

中国国家版本馆 CIP 数据核字第 202594QF49 号

大夏书系 ｜ 教师专业发展

何以成长：教师专业发展的 7 项修炼

著　　者	吴春来
责任编辑	卢风保
责任校对	杨　坤
封面设计	奇文云海 • 设计顾问

出版发行	华东师范大学出版社
社　　址	上海市中山北路 3663 号　邮编 200062
网　　址	www.ecnupress.com.cn
电　　话	021-60821666　行政传真 021-62572105
客服电话	021-62865537
邮购电话	021-62869887
地　　址	上海市中山北路 3663 号华东师范大学校内先锋路口
网　　店	http://hdsdcbs.tmall.com/

印 刷 者	北京汇林印务有限公司
开　　本	890×1240　32 开
印　　张	9.25
字　　数	185 千字
版　　次	2025 年 4 月第一版
印　　次	2025 年 4 月第一次
印　　数	6 100
书　　号	ISBN 978-7-5760-5860-4
定　　价	68.00 元

出 版 人　　王　焰

（如发现本版图书有印订质量问题，请寄回本社市场部调换或电话 021-62865537 联系）

目　录

序　湖歌唱响

21 年前的夏天，南湖澄碧，水面无烟，一个学子，趁晨曦微醒，辞别洞庭。那一别，他的扁舟如箭，浑然不觉身后三眼桥那眷恋的眸眼，耳畔飘过千年赊月的余响。

从此，潇湘奔涌，湖歌长吟。

一部《何以成长：教师专业发展的 7 项修炼》，是源起潇湘的"江海诗章"。从潇湘之浦、洞庭之南，再到南海之滨，江海余波，声声如诉，唱响着诗人的传奇。这是一首俯仰跌宕的生命史诗，也是一曲慷慨宏阔的英雄赋格。21 年，诗人在粉笔与黑板剪辑的黑白镜头里，赋予时光水墨画般隽永淡雅的质感，织就生命瑰丽与奇伟的色彩。这是一觞浸润在岁月长河里的醪醴清酌，暗香流转，醇厚绵长。父母乡邻，师友同窗，兴学利民，传道授业，故土留恋，异乡漂荡……笔触所及，满目是生命的拔节成长，是灵魂的涤荡与清洁。

打开折叠的时光，野风掀起故乡的帷幔，村口的老井泛起涟漪，童年那风干的历史在我们眼前变得鲜活饱满起来。父亲的言传身教是诗人读的第一本诗集，虽无字，重章叠唱的充沛热血却渗入肌理和骨髓。"农田挖水"，那些酷暑中人人争抢水源灌溉农田而不惜至亲反目、邻里成仇的争斗，那些被贫瘠生活倾轧而扭曲了的人性挣扎，在父亲的故事里全成了留白。"父亲从不让我去做这样的事情，他觉得不与人家争，是一种骨气，也是一种高贵。"

追溯似水年华，伴随诗人成长的童谣是父亲倒背如流的四大名著，书中那些忠善勇义、光明磊落的歌哭，化作父亲手中的犁铧，在泥土的胶着中倔强地嘶喊。父亲用他厚重的人格秉性为诗人挖掘出了一泓心灵的清泉，千淘万洗，冲刷掉了命运的淤泥、生存的狼狈和性情的扭曲；父亲把信徒般质朴纯洁的对书的膜拜，铺陈列锦，捣碎在诗人童年的食粮里，用以解救人生的现实困厄，实现对苦难的超越、对人性恶念的剔除和对真善美的守护。

生在乡村却与书本厮磨长大，诗性成了诗人精神的特质。他尽情书写着驰骋奔赴的杏坛华章，《何以成长：教师专业发展的7项修炼》里那一篇篇文章，是散文化的心灵自诉，是素描的乡土存念，是抒情诗化的教育思想，是幽微深邃的评课手札，是铺采摛文的教学辞赋……打开书卷，正如开启了一壶融尽古今名家为文精华的新醅，读之，行文诗意盎然，语言睿智风雅，思想厚重平易；斟一杯细品，又咂摸出了"知其不可而为之"的决绝果敢，"抟扶摇而上者九万里"的逍遥快意，"一念家国，一生守望"的执着坚守……读《何以成长：教师专业发展的7项修炼》，我们就此读到了一首青春、热忱、信仰、奉献、自由、智慧、思想、创新等多个维度熔铸合成的生命史诗。

诗人在这条诗路上恣意成长，如清风朗月，如无波古井，如沙漠胡杨。当无数人看到他的第一眼时，便觉得他身上有着世间稀缺的诗意和书卷气。那是一种单纯而磅礴的干净气质。他那干净而纯粹的坚韧生命、高贵品行和有趣性情，常常让他超脱于凡俗。

这位诗人，是《何以成长：教师专业发展的 7 项修炼》的作者吴春来老师。他是教育跨界能手，上课、教研、评课、锤炼教育思想样样在行。少有教育人能像他那样，对课堂教学、教学评论、教育研究以及思想提炼有天赋，有领悟，有真枪实弹的创作实践，并能知行合一，在教育改革路上锐意前行。他秉天赋而不弃勤奋，修品性而不废事功，怀古风而不惧时变，尚侠义而不从流俗。教育路上，曲途巉岩，漫水凛寒，从南湖到南沙，从永州到广州，他一双素履把千万里走遍，抱持"立身、立学、立人"之志立于三尺讲台。纵双鬓染霜，却炙望如火，初心不忘。一部《何以成长：教师专业发展的 7 项修炼》，沿着诗人教育的轨迹铺展、交织、绵延，风清骨峻，遍体光华。

他的身上侠义与悲悯交相辉映，正因如此，我虔诚地称他为师父。师父者，不仅是人格的高标，秉性的样范，为人的楷模，为事的圭臬，更是有着"见众生"的古道侠义与悲悯良善。真实、开放、进步，是他课堂的三境界；在他的课堂里，无论怎样的学生都能得到尊重和看得见的成长。曾经，他以"第一校长"的身份去乡村学校支教，诞生于此的"五多课堂"以春雷唤醒大地的姿态，迅速突破贫瘠落后的教育土壤的边界、重围和高墙，蓬勃生长，并力求以中流砥柱的姿态，寻找贯通教育思想脉流的密码，铺陈教育文化的大气象，继而镌刻教育探索绵延不绝的史诗传奇。

洛夫说："如果我用岩石写诗，请读我以一条河的走姿。"与师父的相识，正始于他的侠义与悲悯。在中国基础教育 1800 余万人的队伍中，我正如这条汪洋河流中一颗普通的乱石，于昏昧愚顽中偶然感受到了他那导人向善的力量和直指灵魂的道德激情，感受到了他对学子的专注凝望、对课堂的沉静思索，听到了他对教育的悠长吟唱。师父不弃微尘，不辞小土，把写序的神圣使命交给了我，这正体现了一部史诗的伟大，往往唱响于芸芸众生的平凡人间。

此刻，浪涛奔腾不息，江海弦歌不绝。《何以成长：教师专业发展的 7 项修炼》，凝炼的是走过岁月长河的一代代人的成长，也是你，是我，是中华民族伟大复兴路上的每一个"铺路石""引路人""燃灯者"的成长。

李苏芳

2024 年 11 月 20 日于永州

（作者系湖南省新时代基础教育卓越教师培养对象、

永州市高中语文李苏芳名师工作室首席名师）

引子　我的大学，我的梦

　　我的大学在湖南岳阳。去学校，足足站了七个小时的绿皮火车，人挨人挤着，汗臭味、烟臭味等各种难闻的气味熏得我差点窒息，舅舅一只手握着车厢里的吊杆，一只手护着胸前挂着的那个包，生怕别人抢了去。包里装着学费，一部分是父母辛苦赚来的，一部分是刚参加工作的姐姐资助的。父亲本要亲自送我，因为在老家农村学校食堂当差，请不了假，只能叫舅舅陪同。凌晨三四点钟的样子，到达岳阳火车站，由于太早，公交车司机尚未上班，我只好蜷缩在角落里打盹。终于熬到天亮，揉了揉眼睛，瞅见火车站广场霸气十足的宣传标语"洞庭天下水，岳阳天下楼"，那"天下"二字，让人有点"荡胸生层云"的感觉。

　　学校在奇家岭，坐上开往奇家岭的公交车，看着比永州繁华好多倍的街道，既惊喜于岳阳的美丽，又怀念永州的美好。约莫半小时的车程，我们驶过南湖大桥，第一次见到南湖，真是被吓了一跳。我在农村长大，望见的不过是一座山连着另一座山，见过的水，不过是池塘或者水库罢了；在潇水河畔读高中，日夜相伴的潇水，无非是一条长长的银带而已，比起南湖就显得十分狭窄。外界的广大，格外衬托出个体的渺小，看着宽阔的湖面，一种孤独感突然涌上胸口，后来这种孤独陪伴了我整整四年。驶过南湖大桥后，很快就来到了学校。一座近20米高的青石砌成的大门再一次吓住了我，三个金黄的大字"希望门"尤其夺人眼球。校门左侧是沈鹏先生题写的校名"岳阳师范学院"，我们是第一届本科生。

我将在这里，一所普通的本科院校，走过四年。于我而言是幸运的，毕竟我考上了大学。

从骨子里说，我是一个十分不自信的人。自信往往源自优越，那会儿，我真的找不出任何优越之所在。开学之初，给我更多的是尴尬。我不会说普通话，也从没说过普通话。与同学们交流，根本不敢开口，一开口人家就会笑话你说的是什么鸟语。那种挫败甚是扎人。然而，我骨子里又是一个自尊心极强的人。这份自尊来自家庭，更多地来自父亲的言传身教。

父亲是农民。但他从不认为自己是别人眼里没有文化的农民，他甚至觉得他是读书人。父亲的确是读过书的人，由于家庭出身不好，小学六年级一毕业就被迫停学。我们祖上是读书人，曾祖父毕业于广西一所师范学校，祖父生性老实，守着家里几十亩地，喜欢做一些积善行德的好事，听祖母说，祖父经常到茶亭给路人免费送茶水，还时不时扛着锄头去修路，芟除路边的杂草，方便路人行走。我从未见过祖父，父亲说他九岁时祖父就被饿死了。有一天，父亲喝了一点小酒，在厨房灶前的长凳上，煤油灯泛着微微的黄光，父亲流着泪讲述着童年的辛酸，说着说着突然同我和姐姐抱头痛哭："飞燕、春来，从小说老实话，做老实事，实事求是；长大后做正当人，光明磊落。"父亲的苦，我们难以体会，但他的话，我深深铭记了：我要做一个正直、善良的人。父亲喜欢给我讲故事，四大名著的故事，他是倒背如流的。在农村，别人家的孩子经常去农田挖水（当地缺水，很多小孩子去守着水源地把水引到农田），而父亲从不让我去做这样的事情，他觉得不与人家争，是一种骨气，也是一种高贵。父亲，也从不允许我接受其他人的东西，他说那是别人的，读书人断不能这样的。记得有一次，村里的伙伴给我两毛钱叫我帮他买纸包糖，老板免费送了我十颗，我不但把糖全给了伙伴，钱也一并奉上。

而年少的我，读书真的很不争气。读大学前，只有两件事，是让父亲引以为傲的。

第一件事，我参加镇中学（当时叫区中学）的复试，我的成绩排全校第一名。依稀记得那场数学考试，我坐在靠门边的第一个座位。其中有一道数学题特别难，我百思不得其解时，一抬头便看见了在外面等候的父亲，我们目光对视，他微笑着。我突然来了灵感，迅速破解了这道难题。成绩出来后，我数学考了最高分。那道题，是初二的一道题。能考上这所学校的，我们村只有我和姐姐。他常常为此感到欣慰。第二件事，我读高一的第一个学期考了全校第二名，他高兴得像个孩子。我实在想不出让父亲高兴的其他事情了。我的确是让他伤透了心的人。

读大学了，我可以说是一无是处。想起父母的苦，我唯一的愿望就是大学毕业后能去中学找到一份工作，减轻家人的负担。那时，于漪老师是神一般的存在。我想象着优秀教师的样子许下一个愿：做像于漪老师一样的特级教师。特级教师，成了我的梦想与追求。

记起高中时代，我上课常常打瞌睡，有些老师一开口，我就不想听，有的说话听不懂，有的说话不好听，有的声音太小；另外，老师们上课几乎都是灌输式的，一个人讲来讲去，很没有意思，感觉他们肚里没有什么货。说这样的话，并不表示我不尊重我的老师们，只是站在教学的角度，我在课堂上确实没有什么进步。不过话说回来，语文老师杨老师的一句"一个不会写教研文章、从不写教研文章的老师算得上是一个真正的老师吗？"给了我心灵的震撼，当老师不应该就要这样吗？历史老师汪老师教历史善于启发学生的思维。他给我们讲勾践灭吴，问："勾践为何能灭吴？"有同学说："因为越国变得强大了，所以灭掉了吴国。"老师不急不忙地说："战争是双方的事，越国变得强大就能灭掉吴国吗？如果吴国变得更强大了呢？"这幅场景，难以忘怀。我们不得不承认这一点：一个人的成长要么受了好的影响，想去模仿；要么受了坏的影响，尽量去规避。正因如此，我在大学就给自己定下一个目标：说好普通话，练好声音，多读书，写一手好文章；上课，学生喜欢。

每天，我是寝室里第一个起来的，洗漱完毕，跑到南湖边上去练声。说起练声，真的是教训惨痛。练声是十分专业的事，而我只是找了一本练声的书，按照书上说的去练。实际上，书上说的也未必全对。面对一望无际的南湖，我大声朗诵"大江东去""独立寒秋"。说南湖一望无际，绝不是夸张的说法，它真的是一眼望不到边：平静时如一面宽大的镜子，映照蓝天；起风时，它会掀起白色的巨浪，撞击岩石，让人心生恐惧。还是继续说练声的事，因为不懂，所以瞎练。结果呢？嗓子充血，一周失声，导致声带闭合不严，从此患上了慢性咽炎。书上说，"气，声之帅也"，此话不假，但说练深呼吸，想象眼前有一片鲜花，你尽情呼吸，这样的说法不太正确。因为，如果你呼吸的姿势不对，再怎么想象都不是深呼吸。后来我发现：练深呼吸，就是把自己的腹部想象成一个干瘪的篮球，呼吸就如打气，让篮球鼓起来。这样的呼吸就对了。但凡你双肩上耸，呼吸一定是错误的。再比方说，当初认为只要大声发"啊"就是练声，其实也错了。现在才明白：无声练习更重要。无声练习"人一之，我十之；人十之，我百之；人百之，我千之；人千之，我万之；人万之，我亿之；水滴石穿，百炼成钢"，每天坚持练习十分钟，腰部会有酸痛感，持之以恒，腰部就有了气息控制力，上课说话，嗓子就不累了。有时候犯错误，可以让自己更好地进步；而有时的错误，是无法逆转的。作为老师，一定要有一副好嗓子，不管是在读大学生，还是从教的老师们，练好这个功夫，对自己、对学生都是一件好事。

　　清晨在南湖边一人朗诵，把嗓子喊坏了，却锻炼了我的胆量。我是一个不敢在公共场合说话的人，一张口就脸红。在南湖边，路过的人好奇地把目光投向我，而我不知哪里来的力量，全然不顾他们，一人忘乎所以，我的眼里只有湖，壮阔的湖面描画着我的梦想。常有人惊讶于我讲座时，为何人越多，就越兴奋。他们哪里晓得这功夫都是我大学练就的呢。

　　由于在南湖边朗诵，老被别人当作另类看待，心理终究难以承受，偶然的机会寻得一处佳地——教师宿舍后面的一片丛林，面朝南湖，幽静无人，换作在此练习普通话和即兴说。记忆深刻的是，这里冬天特别冷冽，脸仿佛被刀片刮过一样，我立于风中，大口大口地吐着白雾，练完普通话教材里的内容，就选一个话题，随意说，时间长了，居然发现说话思维越来越清晰。除非下大雨，几乎是天天要去的。这样的精神与意志是母亲给我的，农忙时节，她经常凌晨三四点就去田地干活，母亲的勤劳、善良与坚韧，是我一辈子的财富。后来谢伦浩老师教我们演讲与语言学，他对我赞赏有加，记得一次语言学考试我考了全系第一名。有人夸我即兴评课水平高，其实这些能力都是在那些清晨练出来的。值得一说的是，大三我们考普通话，我是极少数没有补考的男生之一，令同学们刮目相看。我的经历告诉我：学生的口才是可以训练的，作为语文教师，务必提升学生的这项能力。

最让我信心倍增的是大学写作课姚老师课堂上朗读我的作文《走进希望门》，那一次很多同学都记住了我，班上一位不出众的男生原来作文写得不错。从自卑走向自信，的确是从这里开始的。姚老师至少让我发现了自己的一点点优势。依稀记得姚老师声情并茂地边读边点评的样子，我的心里那是美滋滋的啊。正是因为姚老师，我爱上了写作，奠定了语文老师该有的功底。而姚老师的做法也深深地影响了我，我当老师后，最喜欢做的一件事就是当众朗诵学生的作文。

去得最多的地方就是图书馆。读书的底子要从小打起。读大学开始海量阅读，亡羊补牢而已；说来真的惭愧，四大名著，我是大一开始读的。在大学校园，最幸福的事情莫过于读自己喜欢读的书了。我对穿着几乎没有什么讲究，有时还会穿上解放鞋在校园行走，但对书保持着一颗敬畏之心。在图书馆的一个小角落，选一个无人打扰的座位，静静地读《红与黑》，读《人间喜剧》，读《美的历程》……当别人在游山玩水逍遥自在时，我在自修室做着读书笔记，摘抄《诗经译注》，摘录《论语译注》……遗憾的是，天资愚笨，大学读过的很多东西几乎都遗忘了，但养成了静坐的习惯，做学问、当老师得有耐得住坐冷板凳的定力。奇家岭的街道上有很多书摊，我常去那里购书，而书钱都是姐姐邮寄给我的。大学毕业后，我快递16箱书回永州，父亲从两公里外的地方一箱一箱将它们背回老家，真的累坏了我的父亲。姐姐有次跟我开玩笑说，我由丑小鸭变成了小天鹅，大抵与这些书有关。

寝室里有几位同学喜欢练书法，我也跟着他们练，不知为何总是提不起兴趣，练练停停，直至彻底放弃。有时，我也在疑惑：写字还是靠天赋的，我不是那块料。这样的疑惑作祟，到现在，我还拿不出一手漂亮的字。

上课给我印象最深的是黎千驹老师。他的头发梳得光亮光亮的，且三七开，泾渭分明。他喜欢穿唐装，在训诂学上很有造诣，他的课最大的特点是风趣幽默，能打开学生的思路。他说学古代汉语最好的方法叫"死去活来"，后来，我把这话告诉了我的学生们。教授模糊语言时，他讲了一句精辟的话——"汉语都是模糊的"，并举了一个红烧肉的例子来论证。他说，去食堂吃饭，以前每次都是四块红烧肉，有一次食堂大妈只夹给了他两块，他表示不满，没想到食堂大妈夺过他的红烧肉，拿刀分成了六块，并嚷嚷道："你看，你看，今天多给了你两块！"他学着分肉的样子，引得我们捧腹大笑。由于比较喜欢他的课，所以听课也特别仔细。有一天他讲通假字与古今字，很多同学不太懂，而我讲清了，课后他还找到我，希望我考他湘潭大学的研究生，不知他还记得此事否。由于我只想大学毕业后找到工作，故而未答应他。他写过几本小说，给全班同学签名赠送一本《柔情似水》，我们私下议论，黎老师的文笔很风流。黎老师，是难得的才子，他的课是可以让人越来越聪明的。

教我们文艺美学的是朱平珍老师，个头不高，但非常亲切，在她的眼里每个学生都是可爱的，读她的眼睛，你会读到"仁爱"二字。她上课喜欢叫同学们上台展示，有一次我被叫上讲台说话，她评价道：举手投足间，很像一个老师。想起她，我就难免想起我的初中时代。当时我是以全区第一名考入初中的，年龄在班上倒数第二，很多同学比我大一两岁，甚至有些大三四岁。我们的班主任是教生物的，生物课上讲到"呆小症"时，他公然指着我说："吴春来这样的，就是呆小症。"然后，同学们哄堂大笑。我幼小的心灵，受到极大的摧残。而我年少，不谙世事，无法用心去读书，努力不起来，三年的初中生涯，就白白浪费掉了。朱老师在课堂上的一言一行，给了学生极大的温暖。她对我的鼓励让我在同学面前信心倍增，而这样的教育方式也影响了我今后的教学。

去临湘七中实习的那两个月，受益很大。吴俊义老师在指导我们上课时，说过一句话，大概意思是"语文教学要有两条线，一条是课文的线，一条是教学的线"，那会儿，我理解不了其深刻含义，但在实习过程中，我反复琢磨着这句话，渐渐地摸索出一些门道。实习汇报课上，我执教《我的老师》，具体细节我不记得了，实习鉴定表上，吴老师如是评价：吴春来老师，是天才般的语文老师。这样的评价，大抵确实一定是夸张极了的。不过，恰恰是这段评价，大大激发了我的潜能，让我无比坚信自己的选择与努力。

有人问我，如果你大学读的是名校会是怎样的一种人生？这样的假设，只能是假设，假设一下而已。人生没有如果，遇见请懂得珍惜。大学四年，关键是靠自己。你得想清楚自己要成为一个怎样的人，你要规划好自己的职业。我只想成为一名优秀的教师，努力夯实基础，一步一个脚印走下去。如今想来，最幸福的时光，还是在大学，因为你可以为了自己的梦想，做自己喜欢做的事。我常跟年轻的大学生们说，坚定梦想，勇往直前，四年，足以让一个人浴火重生。

大学，开启了我职业生涯美好的序幕，并告诉我一个道理：好的教育，让人越来越自信。

我的大学，我的梦。

日常中成长

那些诽谤你、打压你
的人，让你清醒，含着泪
也不忘奔跑；那些关心你、
帮助你的人，让你温暖，
含着笑把明天拥抱……

导 / 语

教师的日常生活与工作年复一年，日复一日，备课、上课、做班主任……时常会遇见形形色色的人，或真或假，或善或恶，或美或丑，在这样的圈子里，渐渐成长。心情抑郁也好，精神抖擞也罢，都当朝着一个梦想，一直走下去。

班主任藏课堂心

亲爱的读者朋友，如果你是一名青年教师，请你一定要耐心地读完此文，因为它关乎你专业成长的第一步。走好关键第一步，后面的路，才会越来越顺。

我想表达的是：做教师一定要做班主任，只有当了班主任才能更好地懂得什么是教育。不要觉得班主任是苦活、累活，是耗费生命的活。若在班主任岗位上，藏有一颗课堂心，全面提升自己的专业水平，教育也就成了一件快乐而简单的事。

陕西的《美文》杂志曾刊发我的一篇散文《那年高三，我们诗意走过》：

清晨，当风掠过校园人工湖的杨柳，我们开始用最洪亮的嗓音吟诵美丽的歌赋诗词，平平仄仄、仄仄平平，那跳跃的音符，成为校园里最美的歌唱。偶尔有人会打个盹，但好心的同桌，会友善地提醒：起来啦，时间不等人。

不会因为别人成绩好而心生嫉妒，我们有自己的合作学习小组，我们追求双赢，就是要共同进步，共同提高，一起建设幸福的班集体。不过，大家偶尔也会争吵，但马上就会和好如初；还有一次，我被大家气得坐在人工湖的亭子里沮丧不已，可爱的你们纷纷向我道歉，第二天课堂继续充满欢声笑语。

还记得第八节课，那些学霸们，会当大家的小老师，他们在台上不厌其烦地讲解数理化的难题，一个方程式、一条定律、一个步骤，比老师讲得还详细。月考分析会上，我们一起分析成败得失，听别人的学习经验，一起克服弱科、攻克难关。每一次我检查大家的学习情况，总会感叹：错题集又增厚了，上面写满了知识要点、解题方法。

语文课前5分钟演讲让我们寻回丢失已久的快乐。大胆表达，天南地北、古今中外无所不谈；甚至有些人会唱起歌，跳起舞。我们在台下鼓掌、喝彩，笑声连绵不断。课外，我们从不做语文习题；语文晚自习，我们会读着自己喜欢读的书籍。那一年我们读林徽因的旷世才情，读白落梅的秋水文章，读林清玄的禅意心灵……黄昏时分，一些同学漫步在校园的林荫小道，哼着欢快的小调；一些男生活跃在篮球场，满头大汗；有些人静静坐在校园的小凳上，看夕阳缓缓落下。

晚读课是大家最兴奋的时刻，吃饱喝足后那份精神特别充沛，尤其是班长，用那粗犷的嗓门吼着"做人要生如胡杨，千年不死，千年不倒，千年不朽"，差点把整个校园都掀翻；大家高声朗读着英语，你不让我，我不让你，近乎疯狂。作为班主任的我，看着那股热劲儿暗暗发笑。不过这一幕总要引来别人艳羡的目光，也许还有几分嫉恨，因为我们常常超越，那份自信与阳光别人渴望太久太久。

记得一次歌咏大赛，我们把自己当成了歌星，偌大的校园里，只听见我们的抒情的歌声，结果引来一群人围观。我们拉上窗帘，关上门，继续唱。最有意思的是我们的读书报告会，精彩纷呈、高潮迭起。有的口若悬河、滔滔不绝，有的本色质朴、有条有理，有的温文尔雅、处乱不惊，有的悲意慷慨、清歌激扬。有一次专管业务的教育局局长来了，教科院的领导来了，校长也来了。我们像往常一样尽情展示自己的读书经历，连平时不爱讲话的邓思春同学都敢于上台，确实惊艳了一把；还有唐日勇同学的即兴点评，让大家感受到了演讲家的风范。没料到局长情不自禁地走上讲台，把报告会推向了高潮。很多年后大家都不会忘记那激动人心的一幕，局长说看到这么阳光的我们，都唤起了他当班主任的热情，仿佛让他回到了教书年代。而那时，别班的同学都在题海里挣扎。

那年高考，全班 65 人，31 人上一本，30 人上二本，其余 4 人都上了三本。记得一位同学说，虽然我考上的是三本，但收获的是幸福的人生。那一年，因为我们一起走过，所以，此生无怨无憾！

差一点忘了，周一和周六的语文课前，我们都会激情飞扬地唱着大家一起创作的歌，我们永远的班歌：

浩浩潇湘涌波浪

巍巍九嶷出苍茫

指点江山当自强

胸怀乾坤放眼量

青春年少无限梦想

因为理想欢聚一堂

攀登书山兴致高昂

泛舟学海扬帆起航

65 位兄弟姐妹

不管是成功还是失望

挺直腰板仰望蓝天奋力向前不彷徨

65 位兄弟姐妹

不管是风雨还是阳光

放飞青春信心满满敢做敢当勇敢闯

　　读着这样的文字，往昔的场景一一浮现。我们的确是另类，而我们却怀念那段美好的时光。如果我现在是班主任，我还会那样做，因为它是对的。

　　谈及班主任管理工作，有说不完的酸甜、道不尽的苦辣，它是一种使命、一种责任、一份事业，亦是一份幸福。我不惮以独行侠而自居，在教育的园地，孜孜矻矻之余，亦会怡然自乐，因了这使命、责任、事业和幸福。

　　我曾给教育打了一个不太恰当的比方。教育是什么？就是画"圆"。画的是一个以学生为圆心，以学生的发展为半径的"圆"。如果——我说的是如果而已——我们的教育立足于学生的发展，那么所有的急功近利皆会绕道而行，教育将是一片纯净的土地，老师与学生诗意地栖居于校园，不会因高考而忧心忡忡，不会因失败而灰心丧气。

　　在这个比较"卷"的时代，很多班主任身心疲惫，不堪其负；然而，我却以为当班主任其实可以很轻松，关键在于"智慧"二字。

何谓智慧?

智慧是智力器官的终极功能,与"形而上者谓之道"有异曲同工之处,智力是"形而下者谓之器"。智慧使我们做出导致成功的决策,有智慧的人称为智者。读《史记》,读到汉高祖刘邦那段话:

> 夫运筹策帷帐之中,决胜于千里之外,吾不如子房。镇国家,抚百姓,给馈饷,不绝粮道,吾不如萧何。连百万之军,战必胜,攻必取,吾不如韩信。此三者,皆人杰也,吾能用之,此吾所以取天下也。

此为智慧也。

班主任的智慧取决于充当什么样的角色。那么班主任在教育的园地里充当什么角色呢?依我看来,就是画"圆"之人。画的是什么"圆"?一个以课堂为圆心,以学生的自主能力为半径的"圆"。要画好"圆",就要牢牢抓住课堂管理这个圆心,班主任要藏有课堂心,大力发展学生的自主能力。唯有如此,班主任工作才有了重心,才有所为、有所不为,管理才能科学高效,才可持续发展。

一言以蔽之:班主任的智慧在于管理好课堂,藏有一颗课堂心。

我想结合文章当中的高377班的班主任管理工作谈谈自己的一管之见,虽是多年来班主任管理的心得,但仍不免会有扣盘扪烛之嫌疑,如果能给读者朋友们带去些许启发,善莫大焉。

当代著名教育家魏书生说"作为教育局局长，我把抓统考、算分数的精力，用在下大力气深入课堂，研究课堂教学上"，足见课堂管理的重要性。从课堂的组成要素来看，课堂无非是两个基本要素，一为老师，一为学生。实践证明，老师的教与学生的学水乳交融、有机统一时，课堂才最有效，由此可见，促使教与学浑然一体、和谐与共，乃班主任之首要任务。那么班主任要做什么？就是一个字——"帮"，即帮老师的"教"与帮学生的"学"。

先说帮老师的"教"，班主任要做到"三帮"。

一帮老师营造舒适的教学氛围。高 377 班一直憧憬着：讲台一尘不染，黑板干净如新，学生精神饱满、自信阳光。因为环境足以影响一个人的情绪，老师只有在舒适的环境下才能更好地从事教学工作，如果讲台乱七八糟，黑板不干不净，地板污秽不堪，学生精神萎靡、无所事事，这样的班级谈何优秀？老师的心情可想而知。

二帮老师赢得学生的尊重和信任。古人云："亲其师，信其道。"帮老师，就应该在学生面前评价老师时不用贬义词，也不用中性词，要多用褒义词。特别在教师测评时，我们要鼓励学生给科任老师最好的评价，让老师获得最大的幸福感，因为教育的幸福源自学生。不要为难科任老师，不要颐指气使，不要目空一切，不要老想着调换老师，要跟老师多交流，多沟通，多宽容，多谅解。由于 377 班是重组的班级，高二之初有些学生不适应现任科任老师的教学，他们埋怨在心、心生怨气，有的说老师太年轻没经验，有的说老师说话声音太小，等等。于是我费尽心思多次帮老师解释，从中斡旋，协调师生关系，后来377班学生一致认为化学老师认真负责，英语老师善解人意，物理老师诙谐幽默，生物老师严谨细心，数学老师和蔼可亲。可以这样说，377班的学生跟科任老师的关系是极其融洽的。

三帮老师扫清思想障碍。由于现在的教育唯高分马首是瞻，所以在学生的眼里，唯有高分才是他们学习结果的最好证明，一旦一次或几次考试失败，有的同学不从自身找原因，常把责任推卸给老师。此时班主任一定要找学生谈心沟通，让他们知道学习是自己的事情，不要把主要原因甩给老师，高考考的是人品。诚如山东昌乐二中赵丰平校长所说："人品包括一个人的生活态度、价值观、意志品质、吃苦精神、宽阔的视野和胸怀、爱心等。人品不好的人一般做人不踏实、做事潦草，也就不会考得好；人品不好的人一般习惯于投机取巧，即便是分析出了问题，也不甘于深入地去解决问题。"如果从人品来考量学生，他们在学习中会更好地注重良好学习习惯的养成。

其次谈谈如何帮学生的"学"。在我的帮"学"之下，377班逐渐呈现出一种自主学习的学风，我们用112字歌诀来概括：

精神饱满到课堂，自信勇敢不畏难。

回答问题声响亮，三读你追我也赶。

学习每天有计划，勤于思考多亮相。

组长负责共监督，班长努力做榜样。

碰上难题不紧张，学习小组来帮忙。

教室干净又卫生，安安静静心舒畅。

放飞青春追梦想，我们是高傲胡杨。

　　陆游说"汝果欲学诗，工夫在诗外"，其实，对学生"学"的帮更体现在课堂之外，换言之，自主学习的形成离不开课堂之外的教育。当然，帮之外，也少不了科学的引导。

　　锻造活力班魂。一个好的班级必须有自己的思想，自己的精魂。一个好班主任一定要想方设法锻造班魂，从学生身上看到生命的活力，培养学生独立之人格、自由之思想。东坡居士曾说"立大事者，不惟有超世之才，亦必有坚韧不拔之志"，坚忍不拔是我们的班级宣言，胡杨精神是我们的班魂——千年不死、千年不倒、千年不朽，此种精神亦是学校办学理念"自强不息"的形象彰显。为了更好锻造班魂，我们 377 班 65 位学生集体创作了班歌《放飞青春》，青春激扬，催人奋进。每每听着学生们的歌唱，深深为他们的歌声所打动，不，应该是为我们的班魂所感染。

　　建设书香班级。教育关注的不仅仅是学生的成绩，更应该关注学生的心灵成长、关注学生的精神培植，一个没有精神境界、没有文化内涵的高中生是一个不合格的高中生。基于此，我全力建设书香班级（按理来说，班级应该是处处有书香的），文化管班。377 班成立了班级图书馆，每个学生至少要购买图书一本，然后交流阅读。坚持每月开读书报告会，由于学生喜欢上了阅读，读书报告会精彩纷呈、高潮迭起，有的学生口若悬河、滔滔不绝，有的学生本色质朴、有条有理，有的学生温文尔雅、处乱不惊，有的学生慷慨激扬、意气风发，此项活动极大地提高了学生的综合素质。还可以利用对联及教育警句提升学生精神。我们班级有两副对联，一副为"今朝苦耐冬去，他日喜报春来"，另一副是"学理化谙世事行君子正气，读经典习古道铸民族雄风"，区区几十字却意蕴丰厚、催人奋进。此外，利用教室后面的黑板做好思想教育工作，每次发现学生思想上的问题，及时让学生在黑板上写下"说真话，做真人""分数皆浮云，能力才是硬道理"等警句，以达教育感化之目的。班刊《雏凤清声》是书香班级的文化载体，可以记录学生的成长，褒扬先进事迹，学习高考状元宝贵经验等。班刊既是一份精神鼓励，亦是一种方向引领。

评选感动人物。"以人为本"是学校教育理念之集中体现，评选377感动人物正从"以人为本"这一逻辑点出发来评价每一位学生。每一期的感动人物评选，不以成绩论感动，而以进步论感动，以奉献论感动，以勤奋论感动，以人格论感动……377班涌现出杨宇慎、毛慧军、王鲜爱、何楚媛、荣鼎超、王倩倩等一大批感动人物。感动人物的评选既是对学生积极的肯定，也是对他们的一种鞭策和激励。

开展小组学习。"自主—合作—探究"是新课程理念的重要内容，为了培养学生的合作、对话意识，377班65位学生共分11个学习小组，每一小组选出一名小组长，小组长负责小组学习、纪律等工作。小组成员基本上养成了互相监督、互相学习等良好的行为习惯。小组成员坚持每日有学习计划，及时整理错题集。小组学习既为教师的教提供了条件，也为锻炼学生的自主能力创设了环境，从而更好地实现"教是为了不教"的教学终极目标。

当然，作为班主任也要帮家长。

要帮家长懂得孩子，不是每一位家长都懂得自己的孩子，班主任要帮孩子与家长搭建有效沟通的桥梁；同时也要帮家长懂得学校，学校的规章制度，家长可能不了解，班主任就要及时传达、解释，消除家长的各种顾虑和疑惑。懂得，是家校沟通的基础。

做智慧型班主任，需要我们具备洞察力、协调力、组织力、判断力、执行力、管理力、统战力等诸多能力。班主任管理不能墨守成规，不要画地为牢，更不可固步自封唯经验是上，床头常置《给教师的建议》《陶行知教育名篇》《不跪着教书》等教育宏论，对于更新管理思想大有裨益。同时我始终坚信班主任管理不是控制和管束，亦非驯化和灌输，而是一种潜移默化的感知、危言危行的感化、灵魂深处的感动，它还关乎机制的问题、评价的问题。无论教育如何变迁，评价怎样复杂，当一年班主任应为学生三年着想，当三年班主任应为学生三十年着想，当六年班主任应为学生终身着想，只要我们坚守课堂管理这个圆心，努力发展学生自主能力这条半径，我们一定能画好教育的"圆"。

学着当班主任，智慧地处理班级事务，得其法，成其事。

公开课上敢求真

　　我是一个有个性的老师，较真、求真、不迷信他人，但这样的性格不一定能得到他人的喜欢，尤其在年轻的时候。但正是因为这样的个性，才让我在专业上不断突破，有所精进。

　　作为年轻教师，一定要有股子初出茅庐的锐气的，这种锐气不是傲气，而是求真气。如果因为年轻，就不愿自主思考，人云亦云，就难以在专业上进一步发展。见过太多的年轻教师，一直待在学校，没有见过大世面，一味觉得学校的老教师就是权威，断不能否定，长此以往，便养成了一种顺从的习惯，不思进取了。

　　而我始终怀着一种质疑精神，在教育上抱有一种创新意识。

　　就拿公开课的例子来说吧。

　　青年教师经常会被要求上公开课。上课后，老师们会提出各种意见。对于一些意见，你如何选择呢？

　　一日，我上公开课，执教《氓》一文，我反公开课表演之常态，以家常课之形式展示自己的教学特色和理念，主张课堂当以学生学为主，而不是老师过多地渲染和灌输，要体现出语文的本色之美。我以为本节课重点是语言的学习，让学生去感受诗歌的节奏之美，去领悟诗歌刻画人物性格的艺术特色，去洞悉主人公的内心情感变化，而不是悲剧原因的分析。课就在这样的思想指引下进行着，学生在积累中学习，在诵读中感悟，在品读中提高。虽然课堂不很活跃，因为我所教的班级学生基础不好，课堂上能圆满回答问题者寥寥无几，但非常真实。

听完课，自然要评课，学校评课的程序是这样的：普通教师发言—备课组长发言—教研组长发言—领导总结。评课时，褒贬不一、毁誉参半。有人说，这节课重点要分析悲剧的原因；有人说，从对比手法切入让学生感受人物形象、体悟情感，学生活动开来了；有人说，分析问题的人太少了，还有一位同学连续站起来两次；也有人说，课堂教学思路简明，值得借鉴；还有人说，语文的人文性很重要，本节课人文性没充分体现出来……由于是评课，同时又是教研活动，所以，作为执教者，我表达了自己的疑问："语文到底是什么呢？语文课，语文老师到底要教给学生什么呢？《氓》，学生到底需要学习什么呢？老师应该教什么呢？这节课，是悲剧产生的原因重要，还是语言能力的提高重要呢？"其间有一个小领导说："若文章总分析艺术手法，难道我读《人民日报》先要看看文章用了什么艺术手法吗？"最后大领导慢条斯理、高屋建瓴地说："你的态度不对，要虚心接受意见，我觉得《氓》不应该这样上。"到底如何上？领导顾左右而言他去了。

评课因此结束。

课后，我去询问上课的学生，想听听他们的意见，学生说："很好啊，读诗歌若从一个角度切入，能发现很多问题，我们很有收获。"

学生的话让我略有所思。

评课，若领导以"专家"自居，不仅评课形同虚设，对青年教师的指引也是隔靴搔痒，甚至是误导，坑人不浅。

"当局者迷，旁观者清"，也许，领导出于对执教者的关心，自己也确实在教学上颇有造诣，希望执教者的教学更上一层楼，毕竟教学艺术是没有穷尽的。也许，执教者的确上得不好，直言不讳，也未尝不可。当然，教学构想有所抵牾，也是理所当然的。但学校的公开课，不是竞赛课，不能求全责备，公开课的意义不仅仅是一种展示，而是一种交流。若评课，没有了交流和讨论，年长的老师皆以"名师""行家"来审视公开课，各执一词、自以为是，言必称"我上课时，是如何如何的"，这样的评课意义何在？教学主张"百花齐放，百家争鸣"，若大家都以自己的喜好来左右公开课，这样的评课价值又有多大呢？

记得于漪先生曾说：听课我总要听出别人的长处，然后为我所用。那么评课，我们是不是要放下领导的架子，多听听别人的意见，广泛交流与切磋呢？当然"良药苦口利于病，忠言逆耳利于行"，执教者也要虚心接受评课者的意见，方能提高和进步，接受之外，有所质疑和思考，应是无可厚非的。"如切如磋，如琢如磨"，"灯不拨不明，理不争不透"，只有深入研究与探讨，最终达成共识，教学艺术才臻于高超。评课时，不实事求是，忽略学生学的环节，不考虑学生的实际情况，泛泛而谈、乱贴标签，对有争议的问题不了了之，甚至固步自封、夜郎自大，如此，于己不会提升，于他人亦无所裨益，于学校更为有害。我想，这样的评课不要也罢。

也正因为这样的心态，我多了一份自省，买了录音笔去记录自己的课堂，回家后反复听。听着，听着，就发现了自己的优点，也挑出了自己的毛病。坚持三年后，同行便刮目相看了。

成长之路上，最怕被别人牵着鼻子走。我们得有自己的眼光，有甄别力，但也要虔诚地向身边厉害的人学习。值得提醒的是：学会适当隐藏自己的实力，因为年轻锋芒毕露，易遭嫉恨；要懂得不显山露水地蓄能，静待山花烂漫的那一天。

备课中写就独特

我曾经花十个小时去备每一节课，你们信吗？

我确实是这样做的。

也正是因为这样的备课，让我对教材的理解有了一定的深度。当然，时间长不一定就证明你很正确。我花这么长时间，是因为我怕我没有很好地读懂教材。很有可能，你读懂教材只要几十分钟。

有时候你不得不承认这样一个事实：课上完了，我似乎没有读懂教材啊。

研究教材是一门学问，学科不一样，方法亦不同，在此我不再赘述。

备课时，常听专家说要备学生。学生如何备呢？最简单的方法便是：提问。

我举个例子。在备《七律·长征》与《沁园春·雪》时，我课前分别向六年级和九年级学生征集了相关问题。

在学习《七律·长征》中，学生的问题如下：

1."等闲"是什么意思？

2."五岭"是哪五岭？

3."逶迤""磅礴"是什么意思？

4. "万水千山只等闲"中红军真的跨过一万条河，翻过一千座山吗？

5. 长征这么艰难，为什么最后他们"尽开颜"？

6. 为什么"云崖暖"，又"铁索寒"？

在学习《沁园春·雪》中，学生的问题如下：

1. "山舞银蛇，原驰蜡象"，山、原都是静物，却写它们"舞"和"驰"，为什么这样写？

2. 作者对秦皇汉武、唐宗宋祖、成吉思汗的评价有区别吗？

3. "俱往矣，数风流人物，还看今朝"有什么深刻含义？

4. "望"字在文中起了什么作用？

5. 作者为何花大量笔墨写中国北方的风光？

6. 作者写"一代天骄，成吉思汗，只识弯弓射大雕"，这样合理吗？

7. 为什么"望长城内外，惟余莽莽"，往下却还有那么多景物，这不矛盾吗？

由于学段不一样，学生的问题层次也就不一样。六年级学生的问题重在理解"是什么"，九年级学生的问题重在鉴赏"为什么"。说得具体一点，六年级学生重在对字词句的审美体验，九年级学生聚焦在艺术手法等审美品位的提升；从思维上讲，六年级学生侧重理解，九年级学生指向分析与评价。

在备课中，我们是不是以学生的问题为出发点来备课的呢？研究众多课例，不难发现，教学《七律·长征》时，教师常常设计如下几个活动：初读走进长征，感受"远征难"；

深入文本，体会精神；拓展延伸，感受豪迈。教学《沁园春·雪》时，教师常常设计如下几个活动：朗读全文，整体感知；品读诗歌，理解内涵；比较阅读，提升能力。这样的教学，都是以教师的教为出发点的，内容要么大而空，要么繁而杂。这样的设计，正如叶澜先生所言："在教室里，学生不仅按照课程表的规定和拿到的教科书上课，而且按照教师的每一个指令行动，每一个问题作答……教师是每日课堂生活的主宰者，学生是教师意志的服从者。"学生的问题是鲜活的，极具个性，是从他们的知识积累和认知出发的，有些问题和问题的特质甚至教师也未曾想到。如果教学抛开了学生问题这一逻辑起点去备课，教学效果可想而知。

备课的逻辑起点在哪里？从学生的问题出发，去解决教材难题和学生学习难题，根据这些内容确定教学目标。

请问读者朋友，我们是否有过这样的意识呢？我初当老师那会儿，真没有过这样的思考，现在才发现：越了解，越有效；了解学生的需要，才是备学生。

记得一次我执教《紫藤萝瀑布》，课前我收集到学生的41个问题。如何备课呢？我选择了其中的四个问题进行备课。

1. 为什么开头说"不由得停住了脚步"，而结尾却"不觉加快了脚步"？回忆过去的紫藤萝在文中有什么作用？

2. 我们在考试中应怎样生动地描绘出景色呢？

3. 为什么在第6自然段中说自己想摘朵花，又在第7自然段中描述没有摘花的情形？

4. 文章第 3 自然段中的"花朵儿一串挨着一串，一朵接着一朵"与第 10 自然段中的"它是万花中的一朵，也正是一朵一朵花"相似，且分别出现在文章首尾，有何作用？

解决了这四个问题，既解决了课文理解的问题，也解决了学生学会描写的问题。

那节课，很成功。由此，悟出一个道理——好课如瀑：

好课如瀑，知其发端。

发端在何处？在学生的问题。学生的问题才是教学的逻辑起点。学决定教，教促进学。以学生所提之问题，确定教学内容，贴切、合适，有的放矢；分析、诊断学生在学习中所暴露之问题，然后帮着解决，使之学有所得，学有所进。知其发端，便知其所由；知其所由，便知其所以；知其所以，便知其所以然。

好课如瀑，知其终止。

何谓终止？瀑布飞流直下，湍急汹涌，蜿蜒曲折，一路狂歌几万里，终将奔向大海，抵达终点。好课如瀑，一波三折，惊险陡生，一路向前，跟着学生走，帮着学生学，终让学生走向学习的大海，自由翱翔。此谓教是为了不教。

好课如瀑，有生命的质感。

瀑布飞泻，激起生命的水花，流动在眼前，流动到心上，流动到心底，仿佛生命在歌唱，在吟咏，在飞扬。上课，上的是生命。生命如瀑，每位学生都是有血有肉的生命个体，老师以自己的生命激情点燃学生的生命激情，唤起学生生命的体验，课堂才能实现生命的狂欢。好课如瀑，仿佛生命流动，无拘无束，生动、随心、自然、大气。

好课如瀑，有动静的节奏。

"日照香炉生紫烟，遥看瀑布挂前川"，动中有静，静中生动。好课如瀑，静下来思考，凝视、凝思、凝神，静静地看，静静地想，思想的飞瀑，精神的宁静，化身最美的风景。好课如瀑，飞瀑之声，令人驻足。经典的语句，读起来，读得酣畅淋漓，读得气贯长虹，读得热血沸腾。尴尬的化解，笑起来，笑得前翻后仰，笑得手舞足蹈，笑得忧愁全无。疑难的地方，论起来，论得面红耳赤，论得热火朝天，论得高潮迭起。听，还有那掌声。精彩处，鼓掌；害怕时，鼓掌；分享时，鼓掌；进步时，鼓掌。读书声，欢笑声，讨论声，鼓掌声，声声入耳。

好课如瀑，有纯白的底色。

飞瀑似练，纯洁无瑕，以纯白的姿态呈现于世人的面前。好课如瀑，执教者心当如瀑，洁白无私，善待学生。纯白的底色，那是教育的底色，教学生在底色上画真、写善、描美。因为纯白，故显神圣。每一句话语，每一个动作，都是教育的音符，都是不可亵渎的交流。

好课如瀑，那是生命的赞歌，那是灵动的诗章，那是智慧的抵达，那是教育的真情告白。

根据学生的问题来备课，以此去读懂教材，也以此确定教学内容，在解决学生问题的过程中，愉快地完成了教学。课堂是独特的存在，学生不一样，课堂不一样。

写课中唤起自信

教师的专业成长离不开写。

这里讲的写，到底是指写什么呢？通常，我们指的是写教研论文。论文从何而来？我的回答是：从课堂里来。把自己或他人的课堂写下来，称之为"写课"，可以成论文，亦可是随笔。

可现实中，很多老师都不太写。有些老师的确在写，却是为了写而写。

关于写，我们一定要弄清一个问题：为何写？

我的思考是：写是为了提炼思想，更好地服务于教学；思想源于课堂，关键在于实践。

我一直坚持"写课"。我的"写课"历经了四个阶段。

第一阶段：追求应试之技

作为教师，我们都希望自己的学生得高分，分数高一点，再高一点；我们要想在学校站稳脚跟，成绩才是硬实力。请不要怀疑或责备这样的想法，这不叫功利。一个不能给学生合理高分的老师，算得上称职的老师吗？为了能让学生得高分，自己定要做各种高考题，训练解题能力。我的成长经历告诉我：一个优秀的老师，必须练就高超的解题本领。记得一次在校园偶遇校长，校长拍着我的肩膀说："春来，你很不错啊，这次月考你班又是第一啊！"而诸君不知，前段时间校长找我谈心，问我为何晨读不守着学生，我说："学生那么认真在读书，没必要守啊，另外，我读书和写作到深夜，第二天起太早，上课根本没精神。"校长笑了笑，没发表意见。正是因为校长看到了月考成绩，他才肯定了我，并默默应允了我的做法。题做多了，就要总结出解题方法，在课堂上把它们教给学生。于是，我就把这些方法写成文章，投稿发表。例如，在作文教学中，学生作文苦于没有材料，有材料也是单一的，欠丰富。于是我就总结出一套方法："五步联想法"组织作文材料。文章在全国中文核心期刊《语文教学通讯》（A刊）2006年第3期上发表。在这里讲个小插曲，一天我收到一封邮件，来信者是广东省茂名一中的一位老师，他说："借用了您的成果'五步联想法'组织作文材料，并应用于高三作文实践教学，取得了良好的教学效果。"收到这样的来信，激动不已。再例如，高考复习时，学生在病句题上容易出错。我总结出一种方法：病句辨析"五注意"。文章在全国中文核心期刊《中学语文教学》2006年第3期上发表。这是我们学校唯一一位在职教师一个月内两次在全国中文核心期刊上发表文章。有读者朋友会问，发表研究课堂上应试解题的文章有什么秘诀吗？我总结出"四性"：

我研究的是别人没有研究过的，体现其独特性；别人研究过了的，我研究的角度不一样，突出其创新性；我研究的一定是可以操作的，彰显其操作性；我研究的，学生用起来一定是可以得高分的，看到其实用性。

因为思考的角度不一样，方法亦不一样，教学生解题，事半功倍，教学效果自然就好了。在做中写，在写中做，相得益彰。

第二阶段：思考教育之象

连续带了两届高三后，在循环往复地做题中，我感觉到了枯燥、乏味，甚至无聊。教育，如果只是为了提高学生的解题得分，总是缺少了些什么；课堂上，一味教学生那些解题的方法，似乎离教育有点远。我对写自己应试教育的课，失去了往昔的热情。

一日读到苏霍姆林斯基《给教师的建议》中的一段话："我建议每位教师都来写教育日记，教育日记是一笔巨大的财富。写教育日记让老师终身受益。"这段话给我很大的启示：作为教师，我们的眼光要放长远些，要从教育的角度去思考我们的课堂。

于是，我开始记录教育故事，反思教育行为，不断去叩问教育真谛。当时很多名师在中华语文网开博客，我也申请了一块精神自留地，坚持每天写一篇教育随笔，后来我还被评为中华语文网 2010 年度之最人物，被誉为"才华横溢的博客达人"。

也许有读者朋友会问，素材从哪里来？其实处处都有可写之处。

先说一个在课堂上发生的故事。语文课上，我饶有兴致地上课，突然一学生痛哭流涕起来，不是因我的课而感动，而是他心有怨气。课后跟他交流，我发现自己犯了一个极大的错误：不懂得如何去爱学生。那一夜我一气呵成写了一篇随笔《教育，在拐角处》，后来发表在《教师博览》上。自那件事后，课堂上，我开始去关注"人"的存在，而不仅仅是"分数"的存在。

再说一个教研活动的故事。有一年，中华语文网掀起"才子型"教师大讨论，有人说"才子型"教师太强势不好，有人说"才子型"教师有其独特魅力，众说纷纭，莫衷一是。就此，我写了一篇随笔《老师，要当课堂的"幕后英雄"》，结合自己的课堂，在肯定了"才子型"教师自身的才华后，提出教学更重在把教转化为学生的学。文章在《语文教学通讯》（A 刊）2011 年第 9 期上发表。

忍不住说一件令我激动了几个晚上的事情。前面我说到我厌倦了课堂上的应试训练，于是把应试之恶，一一列数出来，写就了一篇随笔《壮年读书烛光中》。2011 年第 1 期的《语文学习》居然刊登了此文，收到刊物后发现，文章标题与我的名字赫然出现在了封面上，更令我惊喜的是：我的偶像于漪、王栋生老师也在封面上。

要坚持写，要多写！要多写，更要讲究精写！对于精写，我总结出四"炼"：锤炼标题，凝炼主题，精炼材料，修炼语言。写教育随笔并不是一件难事：养成一种思考的习惯，及时记录所思所想，用质朴的语言表达出自己与众不同的观点，做到文从字顺，观点鲜明，层次清楚，记叙生动。

这个阶段的"写课"，大多停留在随笔的层次，只是明白了课堂的背后立着一个"人"，但不知在课堂上如何把"人"立好。

第三阶段：探索教学之术

在写作内容上，如果单一写教育随笔，还是缺了些什么。因为写着写着，虽然会发现自己对教育的理解似乎更深了，但如何上好课，才是我们工作的重中之重。换言之，课堂上如何把"人"立好呢？

我的写作视角再次转移。而此时我把"立人"狭隘地理解为课堂技术。

我开始研究名师的课例和自己的课例。从名师的课例中研究教学的方法，只是没有去研究分数而已，"写课"让人进步，是需要经受时间的磨砺的。我从不同渠道收集到小学到高中的名师课例 100 余节，那段时间有点如饥似渴地在名师课例里徜徉。研读和剖析全国著名特级教师的课例，很费功夫，但很有乐趣。比方说我研究董一菲老师执教的课例《阿房宫赋》，重在研究她的语言如何诗意，手法如何诗意，有幸入选了顾之川先生主编的《名师语文课》；研究赵谦翔老师执教的《毛泽东词三首》课例，后来也得以发表，不过更多侧重的也是技法。

研究名师的课例，固然重要，但自己的课例才是重点。每次上课我都会录音，将自己满意的课整理成实录；不满意的课，就反思其不足。我执教的《夜归鹿门歌》发表在《中学语文教学》上并得到王鹏伟先生的指导，执教的《念奴娇·赤壁怀古》《永遇乐·京口北固亭怀古》皆在《中学语文教学参考》上刊发。那段时间我真实且及时地记录课堂（录音或录像），把每一节课都当成是自己的教学作品。我常常得意于巧妙的设计，精心的提问，等等。因为有研究，有实践，故而课堂也有一定的进步。

而这些写大多在课堂教学的技巧上下功夫，比如课堂如何提问啊，如何导入啊，如何结课啊，等等，这些尽管不再是为了应试，但课堂里还是没有真正看到"人"的存在，也未看到自己的教学主张或思想。根本原因在于：虽然我努力去"立人"，但是知行并未合一。

第四阶段：追寻课堂之道

只注重解题技巧的老师，只能说在应试方面满足了学生的需要；而真正的教育，远远不止这些。记录课堂，研究名师，逐渐对课堂有了新的审视，写作的视角向更深处触及。随着研究的深入，在注重课堂的教学艺术之外，反思自己知行不合一的原因所在，于是有了对课堂教学基本规律的渴求。我开始关注"课堂到底需要干什么，如何提升学生的综合素养，何谓有效的课堂，情境教学是怎么回事，课堂怎样呈现出美感，教与学到底是怎样的关系……"这些问题。

对课堂本质问题的思考，开启了对课堂之道的追寻。记得一次我刚上课，学生突然被叫出去搞卫生，等他们归来后，我改成上作文课，要他们写一篇文章《落叶的樟树》，没想到课堂上，大家畅所欲言，发表了不少真知灼见，而这节课，我并没有追求过多的技巧，只是启发了他们的思维。对此，我写了一篇小论文《作文课请给"思想"开个口》，《新作文：中学作文教学研究》杂志主编张水鱼老师读后非常喜欢，很快就将之刊登出来。后来，写了一系列论文《回归语文教学的常识》《以发现的视角构建高中语文课堂教学内容》《语文教学请学会放下"三权"》……从有"人"的角度构建理想的语文课堂，让课堂真正有"人"的存在。

光从语文课堂研究课堂，那是远远不够的。于是我跳出语文看课堂，在其他学科的课堂去看课堂，提出了"少告诉，多发现""跟着学生走，帮着学生学"等教学主张。2023年出版的专著《理想新课堂："五多课堂"的构建与实践》，旨在揭示课堂教学的基本规律，回归教学的基本常识，并在《中国教育报》连续发表两篇重要文章《构建面向全体学生自我发展的开放式课堂》《真实 开放 进步——理想课堂的三境界》，在《中国教师报》发表《尊重，是课堂最美的风景》一文，引起强烈反响。这些都是课堂的真实记录，较好地体现了课堂上的"立人"。

"写课"的第四阶段，其实就是有自己的教学思想、寻求课堂规律的"写课",臻于知行合一的"写课"。

在"写课"中去上课，在上课中去"写课"。教育部前新闻发言人王旭明先生曾这样评价我：在我目及之处，小学、初中、高中都能上课且还上得很好的，春来是不多见的一位。2024年，我构建与倡导的"五多课堂"在广州市南沙区推广开来，各学科都在积极践行，且取得了很好的效果。当然，我会继续"写课"，写自己的，写他人的。

正是因为写，我荣登《语文教学通讯》《中学作文教学研究》等杂志封面，有机会讲述自己的成长故事，传递自己的教育思想，在课堂上不断探索与超越。

回顾来时路，关于"写课"，我想说：

"写的课"都是生命的过往，都是不屈不挠的奋斗努力，它们有技与术的追寻，有灵魂的叩问，有思想与智慧的结晶。作为教师，让我们在"写课"中进步，在进步中升华，知行合一。

好的教育是可以给人带来自信的。"写课"让我有了自信。

因为课堂遇贵人

　　我在成长的路上，遇见过不少小人，但也遇到过很多贵人，王旭明社长就是其中一位。他提携我、厚爱我，偶尔也要批评一下我。他对我说的最动情的一句话是：坚持范读、板书和上课，做被历史铭记的真正的语文老师！春来有这样的底子，只要坚持。

　　说到贵人，自然让我想起王鹏伟先生。他曾经跟我说：春来，你的事我一定放在心上的。这让我非常感动。后来他在电话里告诫我：春来，你以后一定会成为中国语文界有影响力的人，但现在你的学术精神还不够。能这样掏心窝子跟你说真话的人，不是贵人，是什么？感恩贵人们！所以，我当教研员时非常欣赏有想法的老师，总想着也去帮帮他们，都是受了贵人们的影响的缘故。

┃ 总会遇见懂你的人 ┃

　　作为年轻教师，总有一股外出闯荡的雄心。我也是。

　　2012年，见到长沙长郡湘府中学的招聘公告，我毫不犹豫地投了简历。不出几天，接到一位姓羿名福生的老师的电话，他自称是学校办公室的工作人员，说校长想见见我。

那日，天灰蒙蒙的，空气仿佛凝固了一般，显得异常沉闷，而我怀着期许，携着梦想心急火燎地赶往长郡湘府中学。由于来得早，便趁空在校园里走一走。我沿着一段弯弯曲曲的小径来到了梅溪边，只见小溪，像一条细长的绵帛，轻盈而娇媚；溪水不深，但泛着层层涟漪；周遭长着一些树，有的直挺着，有的斜生着。还未及细看这条具有湘府中学象征的美丽小溪，突然办公室弈福生老师电话告知校长正在等我，我便急匆匆地跑到校长办公室，见到了给梅溪取名的主人——彭校长。

他穿着一条花色的休闲短裤，皮肤古铜色，头发有点卷曲，似乎又不太明显。望着彭校长，我傻傻地站在那里。他示意我坐下，我还是望着这位看起来比较不一样的校长。当我很不自然地坐下后，他便操着略带长沙口音的普通话跟我说："我看了你的博客，蛮优秀的！怎么想着要来湘府中学啊？"于是我一五一十地跟他介绍了在永州的情况，自然说到了自己的教育理想，当我提及教育应当是画一个以学生为圆心，以学生的自主发展为半径的"圆"时，他身子蓦地往上一挺，激动地说："你的想法与我太相像了，神交已久，神交已久啊！"此时，我望着他在笑，他的笑不像一般人那种哈哈大笑，而是似笑非笑，好像要掩饰，但又掩饰不住的那种感觉。随着笑声，我的目光落在他书橱里白落梅那本《你若安好便是晴天》的散文集上，这是我十分喜爱的书，空灵的文字、唯美的意境，让人爱不释手。大抵是因为他说的

"神交已久"和这本散文集让我十分渴望与他细谈。我是一个不善与陌生人说话的人，但与他聊着聊着便兴奋起来，毫无顾忌地说了许多想法；他也高兴地谈着他的教育理想，透露出对人才的极度赏识之意。那个下午，时间过得飞快。临走前，他赠我一本《梅溪》杂志，要我回去好好看看，并再三强调，湘府一定有我施展才华的舞台。

离开办公室时，他猛地大声叫住我，深情地说："吴老师，要记得我们的约定，明年一定来湘府！"我再次望了望他，一种莫名的感动涌上心头。突然发现他那古铜色的皮肤，充满了智慧和情感；他那条花色的休闲短裤显得那么大方得体，好像在诗意着一个闷热的秋季。

回永州后，我迫不及待地打开《梅溪》，方知彭校爱写诗，擅书法；他策划的"金秋诗会""校园文化艺术节"开展得有声有色；他倡导"国学立品，厚德笃行"治校，办学质量大幅提升。尤其让人感动的是彭校深情的文字，文中写道："梅溪，我们的孩子！你潺潺的流水，有如逝水流年，流走的是成长的岁月，留下的是成长的痕迹。"读着他的文字，多想再去看看，看看那一湾小溪。

第二次去梅溪，是因来"湘府讲坛"作讲座。讲座开始前，彭校长激动地向全体老师介绍了我，并十分动情地说："那一夜，读春来的《十年非常语文梦：孤舟话语》一直读到凌晨四点，我被他的教育情怀深深打动，此时我想借汪国真的诗句来形容我的心情——我原想收获一缕春风，你却给了我整个春天。"话音刚落，台下便掌声雷动，我看见彭校长表情严肃，昂着头，身着一件白色衬衫，非常儒雅。讲座结束后，我独自来到梅溪旁，静坐于溪畔的一块岩石上。溪水潺潺流淌，不急不缓，仿佛一位智者在讲述着曾经的故事抑或在描述着幸福的未来；我端详着溪水，它清澈晶莹，倒映着一路梅树。微风过处，斜疏的影子在波光里摇曳，我的心随之摇荡起来。在学生的琅琅读书声中，我仿佛回到了高中时代，在书香四溢的校园里，手持书卷，正与梅溪亲切会话。那一次，盼望加入湘府的心更迫切了。

2014年暑假，在多方努力下，湘府中学决定将我调入，并建议我去长郡中学本部；但各种缘由，我爽约了。因此，深感愧疚。

如今当一个人独处时，常会想起彭校长写我的那段文字：

你的才情，你的诗意，会给孩子们带来多少美呀！你才是孩子们的幸运，是教育的幸运！我问春来：你在哪儿？他告诉我：我还在路上……

彭校长的这段话已成为一种动力，一种使命，催我前行，前行在文山书海，前行在一位师者追梦的路上。

梅溪啊，我多愿化作一树嫣红的梅花，在每个寂寞的冬日，陪衬在你的身旁；或者长成一朵浅浅的幽兰，听你诉说一段美丽的梦想。

后来我写下《湘府之歌》献给彭校长：

楚地茫，湘水长，

灵秀湖湘炎舜传唱。

心忧天下敢为人先，

乘风破浪把未来闯。

梅溪畔，兰亭旁，

菁菁校园翰墨飘香。

厚德笃行励志进取，

豪情万丈将重任扛。

我们是明天希望，

放飞青春和理想，

鲲鹏展翅扶摇上，

九天揽月任翱翔。

我们是国之栋梁，

追求卓越和至善，

逸夫楼前立壮志，

寻梦路上当自强。

《湘府之歌》成为学校校歌，词作刻在文化墙上，做永久纪念。

人生啊，总是会有想不到的变化。

正是因为要调往长沙，永州市教育局便要挽留我，希望可以为永州教育多做贡献。我的命运由此发生改变。

时任永州市教育局副局长李谋韬先生力荐我去永州市教科院当语文教研员。

没料到，教研岗位磨炼了我。

我不得不讲讲我与李谋韬先生的故事。

第一次见到李谋韬先生，是 2013 年，当时他来听我的课。只见一位个头不高，总喜欢笑的中年男子，戴着眼镜，很温和地走进教室，在最后一排坐下。第一节下课了，他居然没有走。因为他是领导，我也不好过问；第二节课上课铃响起，他居然还在教室里。第二节课后，他激动地走上讲台，开始了一段深情而又极富感染力的演讲。

他是永州东安人，早年毕业于湖南师大物理系，当过班主任、第一副校长、县教委副主任、管教学的副县长，因为人生阅历丰富，故而那次演讲深深地吸引了学生。他说，听完这两节课，他想再次登上讲台，这个班的孩子以后不得了。演讲完毕，学生报以最热烈的掌声。他微笑着走下讲台，在走廊处私下跟校长说："永州居然还有这么优秀的语文老师啊！"他的鼓励，给了我极大的信心。

一日，他听说我要调往长沙，便找到了我，希望我做教研员，引领永州语文教育发展，并说教研员这个平台大，可以放眼全市。情真意切，厚爱之情溢于言表。

后来局长和教科院的领导也找到我，希望我留在永州。

这是我第一次有离开永州的机会，我留了下来。这一留便是十年。

说实话，我曾对教研员这个职位很是向往，这也是不少教师梦寐以求的平台。遗憾的是，当初我干得并不顺利。不是能力有限，而是人心难测。一次，李局长给我电话说："春来，人在屋檐下，要学会低头，有时间去拜访拜访某领导。"听一朋友说，一次聚餐，有领导说："李局长，你是不是看错了人？"李局长没有回应。我知道他是懂我的。更可笑的一次是，某领导找到我责备地说，听说你老是去学校听课、评课，还上示范课啊。我听后，含着泪问他："教研员不去学校指导老师上课，难道整天坐在办公室吗？"领导若有所悟地说："也是的。"

李局长为何给我电话，我是明白的，但他没有直说。

在永州只要一聊到教育，李局长是绕不开的话题。在一会议上，一政协委员羡慕地说跟我："吴老师，那个李谋韬局长好欣赏你哦！"我说，怎么了？"原来你不知道啊，那次开全市政协会议，会议发言时他提了你的名字，说好不容易留下来的人才居然只是借调到教科院，还没解决编制问题。"她模仿着李局长说话的样子跟我讲。那一刻，我感觉时光都是温暖的。

李局长每次去学校，总喜欢带上我。他讲话一针见血，直指问题本质。一位资深的校长曾开玩笑地说："我们最怕李局长讲话，因为他把我们的问题都揭露出来了；我们最喜欢听李局长讲话，因为他讲得太有道理，听了很受用。"

做教研员一定要见得多，只有如此才能识广。跟李局长抓高考，跑遍了十一个县区，去了北京、上海、广东、河北、浙江、江苏等地，一路的思想碰撞，一路的理论争鸣，让我开了眼界，长了本事。

说一件印象深刻的事。

2016 年，永州市教育局蒋俊林局长与他一起带队去京冀考察中考改革和高考复习备考，返程途中，为及时交流学习心得，李局长坚持站着主持了三个半小时的车谈会，22 所高中学校校长畅所欲言，他一一点评，让大家从教育规律的角度进一步认识了高考备考的重要意义，增强了备考的信心，明确了备课的思路与方法。其实大家都知道，他完全可以当甩手掌柜，尤其是学习途中没必要如此辛苦，而他只想把事情做好，把永州教育办好。

有些人做事只是做做样子，表示做过；有些人做事是真正在做，要对得起自己的良知。他属于后者。而这样的人，注定要比其他人付出更多。他主抓永州教育十余年，在"高三高效课堂"、集体备课、试题命制、自学辅导、高考研究团队建设、培优补弱诸方面都提出了永州方案，故而永州高考质量一年一个台阶，理所当然。而这一切为我 2023 年南下广州主抓南沙高考提供了宝贵的经验。

讲个培优补弱的小故事。一日，李局长深入班级了解到东安一中一位叫伍晓倩的同学，成绩很冒尖，但语文每次考试都拖后腿。于是他召集会议，找众人商量对策，最后要求我对伍同学一对一辅导。那年高考伍同学语文成绩突破 120 分（当时语文能上 120 分的，全省也并不多）大关，成功拿到清华的录取通知书。她跟校长说，如果没有培优辅导，很难考上清华。后来，我成了永州清华、北大培优辅导的教练，在培优上积累了不少方法。

跟李局长下校调研，听他讲话就能学到很多东西。他说话不重复，每到一处绝不讲一样的内容。他说话喜欢用比喻。他讲教师培训，用"红黄蓝三原色"来打比方，通俗易懂又不失形象。他讲话概括性极强，一下子就能攫住听众的心。比如他讲他心中的好老师：好学才能上进，好胜才能登高，好奇才能致远。

他还有一大特点：只要是正确的事，他一定会支持你去做。

2017年，我投身乡村教育做第一校长，他欣然赞同并鼓励我好好干，还特意陪同领导看望。2019年，湖南科技学院聘请我去做客座教授给学生开设"语文课程与教学论"这门课，个别领导不同意，而他觉得去大学授课既可以提升能力，也可以服务于地方高校，强烈支持我去，从而我便有了高校执教的经历。这两件事是我人生当中很关键的两件事，如果没有他的支持，也许就泡汤了。

近墨者黑，近朱者赤。跟高人在一起，进步自然就快了。跟李局长十年，这十年是我专业发展上最快的十年，我在事业上越走越顺，被组织提拔担任永州市教师发展中心副主任，41岁评上正高，作为永州唯一教师代表成为教育部"双名计划"（2022—2025）名师培养对象，成长为湖南省教育厅重点培养的"教育家"型教师。

然而不幸的是，2023年3月28日清晨，李局长在一场瓢泼大雨里永远地离开了。一位说我是"真性情、真君子、真学问"的大先生怀着遗恨永远地离开了。

有朋友说，在永州，李局长确实是一位保护你、关心你、鼓励你的贵人。

诚哉，斯言！

中华语文网的情缘

我被业界了解，始于中华语文网。2009 年开始，我每天都在中华语文网上发文章，认识了很多名师，他们也认识了我。董一菲老师，就是其中的一位。

与她的故事很有趣。

不得不说起去宁安参加董一菲诗意语文年会的事。

宁安的夏天，是南方人，尤其是像我一样蛰居在湖南的南方人，想象不到的，它凉爽如春，空气如清洗过一般。在热炉里要待上一两个月的南方人见着这样的宁安，不是一丝窃喜，而是一阵疯狂：一件短衫，可在街头跑个来回也渗不出几滴汗。正如湖南同乡龙潇说的那样，你别看艳阳高照，就是不晒人。

宁安，夏天，避暑的天堂，至少对我，对湖南人来说。

董一菲诗意语文年会，在这样的一座小城举办，镜泊湖畔不知摇曳出几许芳菲呢。来宁安前，一位长者对我说，少参加这样的活动，让自己多潜心于研究。而我的回答是：董老师的课堂是一种美的享受，是一般人难以企及的；我跟她相识近十年，深受她的激励，第一次年会，无论再远、再忙我都要去的。当然，我知道长者的苦心，也懂得他的关心与厚爱。

有些人，有些事，似乎是冥冥之中注定的，就如我与董一菲老师。我们相识在中华语文网，她亦师亦友，她用蕙心兰质的美感动着我及其他读者。那时，我们以文字交流，彼此虽没谋面，但似乎认识很久。她的文字，是用书香浸泡出来的，是以人格浸染出来的，故而绵中有力，愈久弥香。那一年，我们同时被评为中华语文网年度之最人物，她被誉为"拥趸无数的课改先锋"，我被谬赞为"才华横溢的博客达人"。不知何故，她在中华语文网消失了一段时间，我没敢给她去电话；由于拙作《十年非常语文梦：孤舟话语》要出版，想请她给我题写封底推荐语，便拨通了她的电话，她用软弱无力的声音告诉我给她发电子邮件，不出几日，她给我回了信，只见推荐语热烈又深沉，温暖又不失鞭策。后来，得知董老师在重病休养中，而她居然没有拒绝我的请求。

有些人，只能在网络上见见，互相留个言，象征性地表示问候。有些人，必须走出虚拟空间来现实会会面，才体现出真情。

2016年夏天，我们相约在南京，因为董一菲老师主编的新书发布，承蒙不弃，我忝列副主编。那一次，我们双手紧握，激动之情，难以言表。

时隔半年余，2017年3月，董一菲老师带着她的徒弟王青生、张茵不远千里来至永州宁远，那一次，宁远语文老师是有幸的，他们近距离地感受了一代名师大家的风采。临别前，我们紧握着手，互道珍重。

有些人，见了就见了，不会有什么印象；有些人见了，虽有印象，但绝不想再见；而有些人见了，多么希望再相逢。
2018，宁安，我们又见了。在我抵达宁安的第二日上午，突然听见有人敲门，便急匆匆地跑去开门。"董老师！""春来！"她仍是秀发披肩，氤氲着古典气质，之后我们便聊了聊最近的情况，甚是欢喜。我对此次年会安排稍有不安，觉得自己不够格，是不能与张玉新、肖培东、王君等老师一起出席会议的，她却很认真地说："春来，你要看到在你这个年龄段，你是出类拔萃的！"其实，我从骨子里讲是一个十分自省的人，深知自己几斤几两，但见董老师如此诚恳，只好作罢。随后，我便陪她去宁安一中会场。到了会场，她亲自布置如何安排横幅、对联，事无巨细，她都十分关心，并吩咐张茵一定要让与会老师有温馨的感觉。第二天，年会正式开始，我原以为她应是主角，没想到她的徒弟们在展示着自己的风采，她静坐于台下，面带微笑，认真观赏。由于年会活动安排十分丰富，故而时间较为紧凑，我们也没多交流。在离开宁安的那晚，显辉在聚餐时羡慕地说："吴老师，董老师对你太好了，她特意交代要我们好好陪你，不要怠慢了你！"我跟显辉认识已久，知道她不会说假话，不由得让我想起临别时，董老师抿着嘴，睁大那双美丽的眼睛，对我会心一笑。

2018 年 8 月，我想起领导对我的嘱托，于是撰文希望在永州组建一个研究团队与青年教师一起成长，却接到董老师的电话，她误以为是在全国组建这样的团队，十分焦虑地跟我说，一定要慎重，放慢脚步，当听我解释只限于永州老师后，她才放心。她还鼓励我说，始终相信我一定会成为未来中语界的领军人物，十分看好我。对她的鼓励，我常有一种莫名的感佩与感动，我们是忘年交，只要在我语文人生的十字路口，她总会出现，时而劝慰，时而告诫，时而勉励。对于她的期望，我未曾想过；对于名之追求，我早已淡化。

我与董老师还能相见吗？那是一定的。不过我更希望是十年之后。

十年间，我会与更多教育同仁一起努力，潜心修炼，读书、写作、上课、研究上课，一心一意做教育。

十年之后，如果与董老师相见，那时的我，一定是满脸沧桑，青丝染雪霜；但我们的情不会变，缘不会灭。

时至今日，不再年轻。我想说的是：

成长之路上，总有一些人与事，不管是恶还是善，是好还是坏，必然无法绕过。教育之路上，认真走过，努力走过，终会有所成就。

那些诽谤你、打压你的人，让你清醒，含着泪也不忘奔跑；那些关心你、帮助你的人，让你温暖，含着笑把明天拥抱。

自我清零为课堂

　　与深高教育集团副校长、深高（中心校区）校长李代晓先生十年前相识，我习惯叫他代晓哥，那年他组建深圳七高邀我加盟，后未果，我亦未前往，但联系未断。

　　2023年秋，我南下广州，他电话祝贺，并为我接风。忘年交老马（马恩来先生）张罗此事，邀深圳语文大咖一聚，胡立根先生特意从东莞赶回，葛福安先生本在外区调研也欣然应约，陈继英先生、王木森先生第一时间告知我一定参加，何泗忠先生远在云南支教、茹清平先生临时有事，故未能前来。席上老马嘱我朗诵《将进酒》，他的一首《握手》朗诵逗得众人捧腹大笑。席散，李代晓先生说一定要留下一张合影，当晚清华大学招生办主任来校他本应陪同，但因这段情义不能爽约，故而要留下这美好的瞬间；胡立根先生建议随意而坐于台阶上，并要我坐中间。众师友皆长于我，老马大我22岁；代晓先生算是最年轻者，长我12岁。席上，老马说："春来，大家前来接风不仅仅因为你的才学，也是因为你的为人！"然而我何德何能，惊扰大家！但又深感荣幸，不胜感激！

　　只身一人来广州，居然得到一群深圳名师们的认可与尊重，不禁思绪万千。

那天学生驱车送我来羊城，一路上我看着从故土带来的两盆绿萝，生怕它们被颠簸坏；它们陪伴了我四年，当初办公室从冷水滩搬迁至零陵，单位为大家添置了几盆绿萝，我捧回两盆，由于经常出差无心打理，绿萝经常在耷拉着脑袋奄奄一息时被我灌两杯水，待第二天，它们就精神起来。反反复复过了四年，不知什么原因，会议室的绿萝都枯萎而亡了，唯独它们还活着。要离开原单位去新单位，突然很是不舍得它们了，如果说在永州市教师发展中心这么多年，我最愧疚的是什么，的确是对不起这两盆绿萝，我无视它们的生命，淡漠了它们的情感。很多时候，草木比人更有情。离别前，我为它们添了新土，我要带它们跟我一起走，以后我在他乡每天都可以看着它们，可以感受到故土的温暖。我是非常怀念我的同事们的，临别前早已退休的书记召集大家为我饯行，让我再次感受他们纯真而又可爱的心，我们曾经那么努力地为单位发展尽职尽责，无怨无悔，如今离别多少都有不舍的。当我把办公室钥匙交给同事后，我转身就离开了，到了电梯里，我的眼泪哗哗哗地流了下来，这毕竟是我全身心付出的地方，这里留下了我太多的故事。

自然我是非常想念春来咏语团队的，那天晚上他们举行了一场盛大的欢送会，他们从各县区赶来，有些从省城长沙赶来，他们载歌载舞，却又那么依依不舍，我实在忍不住这别离的情绪，中途我出去擦拭了溢出来的泪，又装着若无其事的样子继续欢笑。离别前，好朋友们纷纷要为我饯行，我心存感激，有些只能被我婉拒了。我感谢永州的领导为我做的一切，也想念喜欢我的校长和老师们，正是因为你们我才一路前行，不断进步。

来至广州，新同事们为我打扫了办公室，添置了各种办公用品，他们的热情与关切让我很是感动。我的学生、好兄弟们坐几个小时的车来为我接风，这份情义无以言表！

在一次我主持的沙龙上，有位年轻老师跑过来问我是不是以前在永州市教科院负责命题，我说，是啊。她惊喜道：我是永州的，做过您命制的题。这个世界就这么小。旁边的一位老师听说是永州的，忙说我们是老乡，她是岳阳的。哦，岳阳，我生活和学习过四年的地方，那是我人生的福地，在那里我得以成长，那里为我当老师做好了铺垫。冷水滩梅湾小学吕校长发来照片说组织老师们观看直播，看着老师们认真的样子，很是欢喜，尤其是看到学校书记也在认真观看……

我反复问自己，我为何来广州？

一日回湘给母亲过生日，顺道参加了由湖南一师星沙实验小学承办的口语交际与习作教学有效融合研讨活动，李素娟校长执教口语交际课，我在她课堂的基础上执教习作课，这是一次有意义的尝试。活动中，终于见到了《湖南教育》副主编陈敏华老师，她居然把拙作《理想新课堂："五多课堂"的构建与实践》读完了，并说这是她读过的用简朴的语言把课堂的深奥道理讲清了的书。课后，她用四个字评价我的课——洗尽铅华，并说：如果我早看到你的书，听了你的课，我会大力宣传你。这不由得让我想起湖南省中小学教师发展中心的陈益兰老师，是她把我推向全省的平台，多次邀请我担任湖南省校本研修专家，并指导全省的校本研修培训。毫不夸张地说，我的舞台在全省。

几个月后，应长沙外国语学校颜艳语文名师工作室之邀请回湖南执教初、高中语文示范课。与长沙外国语学校彭琨书记认识十年了，与他的故事已写成文章。这个世上真正懂我的，没几人，而他的的确确是非常懂我的。他多次要我去长沙，还曾特意向长沙卢鸿铭局长推荐让我去长郡中学。十年来，相聚不多，但心中都装着彼此。他得知我去了广州，高兴得像个孩子，他说：春来他不仅仅是有才，更重要的是他讲情义，他对官位没有任何兴趣，他只需要学术自由，沿海城市适合他。此话说到了我心坎里。

在湖南确实有太多的好友。

在湖南，我已经准备好了特级教师评选材料，只要上交，评上完全没有问题；评特级，可是我大学时代许下的一个梦啊。在湖南，我是省教育厅重点培养的"教育家型"教师，2022年，我作为永州市唯一教师代表入选教育部"双名计划"（2022—2025）名师培养对象，未来前景光明。诚如教育部"双名计划"（2022—2025）名师培养负责人孙雪静老师所说："不要去广东，留在湖南，你什么都会很好的。"

突然来到广州南沙，这意味着舍弃了绝大数人一辈子梦寐以求却无法得到的名利。我完全清零了自己。我多次叩问苍穹——为什么？

为促进南沙教育高质量发展，梦圆"国内一流，湾区领先"的教育愿景，2024 年 3 月 15 日上午，南沙区基础教育课程教学改革深化行动启动仪式暨"五多课堂"研讨活动在广州大学附属中学南沙实验学校举行，活动拉开了"五多课堂"教学改革的序幕，"五多课堂"开始在南沙绽放。也许，我为"五多课堂"而生，人生总要为一件有意义的事情而活。活动中，我创作的《大先生》被老师们集体唱响：

那是大河奔涌的激荡，

那是春风化雨的诗章。

那是至高无上的信仰，

那是师之楷模的歌唱。

先生之风，山高水长。

言为士则，行为世范。

双鬓染霜，初心不忘。

三尺讲台，一生荣光。

那是日出东方的壮观，

那是浴火重生的希望。

那是乳虎啸谷的回响，

那是潜龙腾渊的飞扬。

先生之大，心有天下。

大爱至真，大德至善。

披星戴月，创新图强。

一念家国，一生守望。

听着动人的歌唱，我热泪盈眶。正如我选择去东安县凡龙圩学校担任第一校长一样，我毅然决然来到这里。未来的路，靠自己。亦如歌词所唱：喝下人生这壶酒，再苦也要笑着往前走。

有人问我现在如何？

我姑且模仿苏东坡的诗句回答：试问平生功业，岳州永州广州！

修炼二

大赛中成长

专业的发展，都是要经
过雨打风吹的；唯有战胜自
己，才能真正走向成熟……

我喜欢上课，但我的课不是天生就很好。这跟年龄有关，也跟水平有关。而引起大家关注的一堂课就是我离开永州一中给湖南科技学院大四学生执教的示范课《永遇乐·京口北固亭怀古》，当时带队的文学院院长潘雁飞博士称赞道：这是我见过的印象非常深刻的一堂课，上得太好了。那节课，我自己也比较满意。可以这样说，这是我的代表课。很多年后，偶遇潘博士，他还情不自禁地说起当时朗诵"廉颇老矣，尚能饭否"的样子。然而，大家不知道的是，我参加的一次全国比赛让我改变了自己，正是这场比赛，使得我深刻地反思自己。

不得不承认一个事实：竞赛，让专业成长。

人生需要一次大赛

　　我一向不喜欢跟他人争个什么，比个什么的，我喜欢在自己的平静生活里书写着自己的喜怒哀乐。正如我时常所说，读点书，写点字，游点山，玩点水，做个幸福一点的教书人，足矣。

　　一个人的专业发展，需要一个展示平台，而我一直没有这样的舞台。偶然的机缘，王鹏伟、吴同和两位先生先后向湖南省中学语文教学专业委员会理事长马智君先生推荐我，终于让我有了一次全国比赛的机会。

　　比赛前的心情是复杂的。我从没参加过任何级别的教学竞赛，加上我怕辜负了两位先生的厚爱，心情变得非常紧张，这样的感觉从未有过。我过惯了平淡的日子，习惯简简单单地做点自己喜欢的事情，而这次比赛的出发点就是功利性的，叫我情何以堪啊！

　　当去长沙比赛时，我却显得格外轻松。当别的选手忙着备课时，我却悠闲地去听选手们的课；当跟我同住的安徽周伟老师问我课准备得如何时，我淡淡地说，似乎不太好上，晚上我再备课吧。

　　一节课我花了五个小时来备，晚上却失眠了，听着周伟老师的鼾声，那种焦躁越发让我无法入眠。于是起床喝水，喝完水后，不过十分钟，膀胱就膨胀起来，为了让它恢复自然，只好如厕，如厕后又想喝水，喝完水后膀胱又膨胀起来了。这样循环反复了好多个来回，那一晚我只睡了 2 个小时。

当然，这样的回忆是没有多大意义的，我的失败才是需要铭记的。

失败了，自然是痛苦的，我不想去掩饰内心的忧伤，因为我的梦想破灭了，我辜负了王鹏伟、吴同和两位先生，当然也对不起马智君先生。回来后，我不敢去见吴同和先生，我无颜以对他老人家，我也不敢打电话给王鹏伟先生，一种莫名的自责和愧疚充斥在我的心间。

然而这次赛课带给了我太多的收获，在我的反思中，我寻找到了一些我缺乏的东西。以前我很是讨厌这样的赛课，把教室搬到舞台，学生能安心上课吗？老师能安心上课吗？但现在我不会那样想了。这样的比赛确实能让赛课老师的专业能力得以提升。

因为在那样的舞台上，在学生心不在焉的学习状态下，如果你能紧紧抓住学生的内心，那么平时的课堂，对于学生的学你已经驾轻就熟了。

平常我们总喜欢对别人的课堂说三道四，当你经过这样的赛课，你的心态会发生微妙的变化，不同的场合、不同的心境，你也许会理解一些赛课老师的想法和表现。

人的进步需要经过一些难忘的事的，那种刻骨铭心的感觉才会让你深思，这样的深思是你腾飞的原动力。站在这样的思考高度，你会发现一切都是那么简单，一切都是那么顺理成章。

比赛失败了，痛苦是难免的，若说没有痛苦，那只是谎言罢了，我还没修炼到那种境界。但是痛苦的反思，让我明白了以后该干什么，该如何去从事我的语文教学。就像赛课后我拜访张玉新老师时他对我说的一句话："春来，你要知道，语文老师的作用就是让自己的素质转化为学生的学，今天的赛课回答了两年前我问你的那个问题，这次你应该有一个华美的转身。"是的，今日我才明白什么是蚕蛹破茧的美丽。

铩羽而归后，我反复思考着什么样的课堂才是让学生有所收益的课堂，什么样的课堂才是真正的好课，老师该如何去提升专业能力，老师该如何让学生更好地去学……

比赛回来后，校长让我给学校老师作讲座，我以"让生命在课堂溢彩流光"为主题讲到了课堂的高效问题，我用"乐—帮—导—让"这四个字来概括老师的作用："乐"就是孔子所讲的"知之者不如好之者，好之者不如乐之者"中的"乐"，老师首先应该让学生热爱自己的学习，在快乐中学习；"帮"就是《学记》中讲的"长善救失"，老师应该善于发现学生学习的问题，及时加以指正；"导"，就是苏格拉底讲的"产婆术"，即要引导学生；"让"就是海德格尔讲的让学生去实践。如果老师做好了这四点，就抓住了教学的"牛鼻子"——学生的学。

"乐—帮—导—让"四字教学经，是我赛课后的最大收获，我把它写成了顺口溜，美其名曰"春来教学心经"：

不要老想着我要去展示

心中有学生那叫真本事

一节课少说点啊没关系

学生动起来才是硬道理

勤读书常反思

进入课堂有激情

师生相处乐融融

乐融融

学学毛泽东运筹帷幄中

想想张艺谋导演真是牛

教学就学袁伟民

课堂仿佛赛排球

赛排球

为学生多想想

对自己严要求

以学定教多从容

教学内容要入心

语言文字别放松

说一说听一听

写一写诵一诵

教学相长真英雄

语文路上潇洒走

潇洒走

"一次没上好，多上几次就能上好了！"这是王鹏伟先生对我说的鼓励的话！既然选择了语文教学，课堂便是我生命的一部分，我选择前行，奋勇。

人生，的确需要一场大赛，这场大赛，让我对课堂有了更深刻的认识。正是因为这场比赛后悟出的道理，才有了我"五多课堂"思想的提炼。

当教室搬到了舞台

在教室上课与在舞台上课的感觉是完全不一样的。

当教室搬到了舞台，我全然找不到上课的感觉。于是师生关系开始错位，话语表达开始错位，提问方式开始错位……

第二届全国中学语文教师教学基本功展评授课现场，我彻底错位了。

那是一个让我一生都无法忘记的日子——2012年4月14日，那一天我登上了全国教学竞赛的舞台，执教《麻叶洞天》。

那一天，雨倾盆而下，我心乱如麻。台下坐着全国各地来的老师和专家，我希望能展现点什么，我要尽情地张扬自我，张扬我的青春，我的才情，还有我的语文观。这样的心态，一开始就错了。这也是很多比赛教师一到舞台上喜欢展示的原因——希望被别人看见。而现在想来，当初是多么的可笑呢！

于是，整节课都出了问题。

那一天，我在舞台上，在全国的舞台上，在这个我从未见过如此上课的舞台上，我俨然成了演说家、主持人，我的语速在加快，我的激情在澎湃，我的生命在涌动，我仿佛在燃烧，在飞翔，仿佛穿越了一个时代，仿佛触摸到徐霞客生命精魂的脉动。我享受着我的快乐，享受着我对语文的理解，也演绎着我对语文的痴爱，演绎着我的语文人生。

那一天，学生俯首帖耳，他们仰视着我的精彩表演，他们在观望，他们在欣赏，他们傻傻地坐在了舞台的中央。

那一天，我把台下的老师当成了学生，我把目光投向了他们，我要他们惊叹，我要他们稽首，这是何等的狂傲，这是何等的幼稚和无知。

那一天，我在汗流，我的思维十分紊乱，我的精力异常分散，一会儿是学生，一会儿是老师，一会儿是自己，我无法控制我的情绪，我希望快点听到下课的铃声，希望学生对我报以热烈的掌声。

那一天，我彻底疯狂，这是十年磨一剑的疯狂，这是一位语文人真正的疯狂。我把疯狂洒在了雨中，洒在了杏花雨的江南，我让激情奔涌在舞台上，奔涌在语文的海洋中。

不难发现，这样的课堂，教与学没有发生关系：教是教，学是学。当然，平时的课堂并不是这样的。但这样的失败，让我有一种刻骨铭心的痛。正因为有此份痛，才清醒地去思考教与学的关系。以后上课，我眼里总会浮现那次比赛的场景，便暗暗告诉自己：把自己的教转化为学生的学。以后的课堂，不断训练自己处理教与学的关系。

当教学设计偏离了方向

旅行要有一个出行的方向，建筑要有一个规划的方向，语文教学也要有一个设计的方向。那么，语文教学设计的方向在哪里呢？

无论是竞赛课还是家常课，都有两个基本的方向，一是文本的方向，一是学生的方向。所有的设计都应依据文本而设计，所有的设计都要围绕学生的学习而展开。

2012年4月13日下午去听赛课教师上课，我是以学生的身份去听的。回来后，却心想着如何让听课老师来欣赏、接纳我，于是我的所有设计都偏离了方向。因为我的眼里只有听课老师和自己，把主要的对象搁置在一边，教学之大忌啊。

先前我跟同住的安徽周伟老师说，这节课我就想告诉语文老师，我们语文课堂应该关注语文意识。何况下午的几节课都忽略了语文意识，没有语文的味道。所以我确定了课堂主题——语文学习，需要语文意识。这样的主题太宽泛，也太空洞，若从《麻叶洞天》入手，只能浮光掠影、走马观花一回，老师听来是云里雾里，学生当然更无法调动起来，因为40分钟的时间你来给学生谈语文意识，何其难也，更何况我的指向还是老师呢。

另外，因为我讲的是语文意识，所以教学内容的取舍就成了问题，何况这样的文章本来就存在文字障碍，又要以它为例来谈语文意识，那是难上加难啊。同时我又想要兼顾本单元的教学目标——让学生感受科学精神，加上还想展现我的生命语文观，更重要的一点是参加选手预备会时，有一领导说这次比赛并不看课怎么样，要看老师怎么样。如此一来，这节课的教学内容就芜杂了，因为还要秀秀老师的才华。结果呢？唯有老师表演才能将其完成。

可见，教学内容的取舍何其重要也。

接下来，我想谈谈学生的方向。当教学指向听课老师时，就意味着你的课堂注定是失败的，虽然老师在跟学生交流，但心中始终装着台下的观众，这样的交流会流于形式。教学的基本原则是让学，而我恰恰背离了这条基本原则。

所以，老师的真正本领是什么？那就是努力让学生学起来，当然这离不开科学的教学设计，更离不开根本的方向，否则教与学就南辕北辙了。

当课堂有了生成时

如果有生本意识，就不应该停留在预设的层面上，而应该寻找生成的契机，努力营造智慧的课堂。至于有些教改专家说，没有生成的课堂是不成功的课堂，我们姑且不说此话是否偏激，但至少告诉了我们课堂生成的重要性。

在这次比赛课上我却严重忽略这个问题。下面是我跟学生的一段对话——

师：去上清——

学生：三里，得麻叶洞。

师：洞在——

学生：麻叶湾，

师：西为——

学生：大岭，

老师：南为——

学生：洪碧，

老师：东为——

学生：云阳、枣核之支，

……

此时学生的学习热情被调动起来，学生不由自主地齐读起来，整个课堂开始和谐起来。学生明白了哪些地方应该要重读，其实明白了重读，也明白了作者写作的真实意图，所以，他们愿意这样去诵读，这样去投入。既然学生已经投入了热情，为何我却抓不住生成的绝好时机呢？只要继续追问："同学们，在我们诵读的过程中，你发现语言有何特点呢？"

语文教学要贴着语言文字而行走，如果我继续带着学生行走在这样的语言涵泳中，那是何等的诗意呢？只要抓住了这一点，对于地理著作的写作，对于游记散文的语言，学生应该有了一个大概的感受，而我却放过了这样的机会。

细想来，原因有三：

1. 在那样的竞赛课堂上，我担心我的教学内容无法完成，不想"节外生枝",因为我当时就没设计这样的涵泳环节。

2.平时也没过多注重生成的细节,"艺术始于细微",以此为戒。

3.心中没有装着学生,缺乏教育机智。

好的课堂,总能看见智慧火花的碰撞,更要见到在老师的启发下、引导下,有意想不到的生成状态的呈现。

当课堂有了生成时,请你勇敢走出预设的牢笼,在新的教学码头启航扬帆。

当课堂有了生成时,请你从细节出发,语言的涵泳、活动的展开,都需要你用心而为。

当课堂有了生成时,给学生一双隐形的翅膀,学生才能飞得更高、更远。

当课堂有了生成时,你的才智准备好了吗?

当借班上课时

参加全国比赛,不可能带着自己班的学生去上课,否则竞赛队伍前呼后拥,浩浩荡荡,会造成交通堵塞,资源浪费,所以,比赛往往采取借班的形式授课。而借班上课本身就是违背教育规律的,因为你不熟悉学情,如何科学有效地确定教学内容和目标?

借班上课的学生大致有三类:一是跟自己班学生水平相当,二是比自己班学生水平高,三是不如自己的学生。

对于前两类情况,老师求之不得,如果碰见第三类学生,我们该如何是好？

这次比赛，我遇见了第三类情况。他们的语文素养与我所带班级的学生的相比，还有一定距离，当我问及一个最简单的问题，他们都无法回答时，我开始紧张了，我担心下一个教学环节无法继续下去，于是我把学生的主体地位"夺"了回来，唱起了独角戏，虽然学生表面上还在自主学习，其实那只是一种形式，我的内心已经没有了学生。

面对突发事件，面对借班学生，如何在课堂上迅速调整课堂的教学内容，如何让学生在课堂上有所受益，亟须我去思考和研究。

当借班上课时，老师要有一颗平和的心，谦和、自信、幽默，是让学生接纳你的最好的礼物。

当借班上课时，也要给足学生预习的时间，不要因为是比赛而忽略了预习的环节，不管是什么课堂，当堂预习是一种高效的学习方式，任何时候都不能动摇。预习，要创设快乐的情景，携着快乐的心情去预习。老师在预习的基础上帮助学生学习，在帮助的过程中引导学生学习，引导过后，再放手让学生自主学习。课堂教学紧紧抓住"乐—帮—导—让"四字教学经，学生才能学起来，这样的课堂才是高效的课堂，才是科学的课堂。

当借班上课时，不要急着展示自己的才华，否则你会让学生感到遥不可及，学生对你产生敬畏心理。当学生需要你展示的时候，你要当仁不让，给他们示范，引他们上路，这样的教学才是和谐的，才是积极的。

当借班上课时，不要老想着自己的学生。换了场地，换了学生，你要学会适应，学会调整，这是能力的考验，这是心理素质的考验，这更是教育机智的考验。

当借班上课时，始终不要忘记，学生还是学生，你要给学生提供展现的舞台，给学生创设学习的情景。

当借班上课时，放松自己的心情吧，只有自己不急不躁、镇定自若，方能运筹帷幄。

有趣的是，2023年11月我南下广州，推进"五多课堂"改革，每次去学校都是即兴上课。一次在潭山小学我即兴上完《急性子顾客和慢性子裁缝》后，一位英语老师站起来跟我说："吴老师，这是我第三次听您上课。其实前两次，我都不以为然。"她的真诚，让众人大笑，使我有点难堪。她接着说："第一次，听您上《竹石》，您上得好，很正常，因为您上了很多遍了；第二次，听您上《最后一次讲演》，也是同样的感觉。"她深情地望着我继续说："这一次您是即兴上课，真的让我太佩服了。"如果说大赛后的反思只是知之而已，现在的即兴上课才是知行合一。

借班上课，对教师的考验很大。敢于挑战，就是提升。一次我去高中学校听课，一年轻老师执教《念奴娇·过洞庭》，虽然他很努力，但对上课几乎没有入门。课后，我说我到另一个班也上一节吧。他们校长听完后，激动地说："这是我第一次听即兴的课堂，居然上得这么好。"

我时常想：如果没有那次大赛，我真的一直生活在一种自我感觉良好的假象里。战胜失败，便是成功。

课堂是懂得删掉的艺术

契诃夫说:"写作的技巧,其实并不是写作的技巧,而只是删掉写得不好的地方的技巧。"对于语文课堂我想套用契诃夫的这段话来说:

语文课堂的艺术,其实不是课堂的艺术,而只是删掉可有可无的地方的艺术。

大家普遍以为"教什么"比"怎么教"更重要,但到底要"教什么"一直困扰着一线教师。无论是理论家高屋建瓴的讲座,还是教改专家的示范课堂,似乎都无法给一线教师以正确的指引方向。毫不夸张地说,理论与实践严重脱节,理念与课堂南辕北辙,是目前语文教改最真实的写照。

一线教师只有靠自己的实践反思才能探索出科学的有效的并且是语文的课堂教学内容。我以参加第二届全国中学语文教师教学基本功展评执教的《麻叶洞天》为例,跟广大同仁谈谈课堂内容的删除艺术。

课堂上我以"语文学习,需要语文意识"来统摄全课,这样的课堂主题自身并不存在问题,但是作为一节竞赛课,范围是否太宽泛了?范围一旦宽泛了,教学内容就会繁杂、空洞,学生就无法接受,甚至失去学习的兴趣。

因为我要讲语文意识,所以我的教学内容是这样处理的。

1.积累文中重要的文言实虚词。

2.学习第1自然段,明白作者"写了什么",跟以前学过的游记散文比较，思考作者"为什么这样写"。

3. 学习第 2 自然段，既然写麻叶洞，"为何要写人"呢？通过角色朗读的方式思考作者"是如何写人的"。

4. 学习第 3 自然段，找出最让人感动的句子，从徐霞客身上我们感受到一种怎样的生命特质？

总体上说，这节课教给学生的语文意识包括了这些内容：积累知识、懂得作者写了什么、思考作者为何要这样写、学习作者如何写的艺术、感受生命的脉动。

本节课如果作为讲座课，有两个小时的学习时间，效果应该不错，但区区 40 分钟的课堂，只有 10 分钟的预习时间，效果势必不理想。那么对于一节课，我们得敢于删掉一些教学内容，让课堂内容简约。

那么如何删？删的原则是什么呢？

以单元教学为依据

教材体现出编者的编排意图，那么单元内容应该跟编者的意图相一致，《麻叶洞天》编排在"科技之光"单元，单元学习内容是让学生感受古代科学求实精神和文人知识分子的探险精神，所以，我们在确定《麻叶洞天》的教学内容时不妨立足于徐霞客作为地理学家那种科学求实精神，以及作为文学家那种不畏艰辛的探险精神和内在的生命特质。

以文本体式为依据

王荣生先生曾说:"阅读方法和文本体式密切关联。阅读诗歌、戏剧、小说,有不同的方法;阅读古典小说、现代小说,也有不同的方法。也就是说,每次阅读都要运用适合于这种文本体式的阅读方法。"质言之,不同的文本体式,就有不同的表现方式,就有不同的阅读方式,就有不同的教学价值,肯定也该有不同的教学内容。对于《麻叶洞天》这样的优秀地理著作和游记散文,教学内容应该确保有兼顾性,不可偏废。

以语文意识为依据

王尚文先生曾说:"对一个具有高度'语文意识'的教师来说,教授一篇课文,就不仅要使学生搞清楚课文写了什么,而且要搞清楚它是怎么写的、为什么要这么写、这么写有什么好处。"文本的价值若体现在语文上,那么就要关注"怎么写的、为什么要这么写、这么写有什么好处"。所以我们的语文课堂始终不能偏离语文意识。对于《麻叶洞天》这篇课文,因为地理著作和游记散文文体写法的不同,阅读方式固然也不一样了,这也是《麻叶洞天》跟其他游记散文不同之所在,所以通过对比阅读学习作者的用笔之法是课堂教学的重要内容。

以学生学情为依据

陶行知先生说:"教的法子必须根据学的法子。"课堂教学所有的设计都应围绕学生而展开,因为学生的学决定了老师的教,老师的教又影响着学生的学,所以教学内容一定要符合学生的实际。而我参赛执教的班级学生语文水平并不很高,所以,内容可以相对简单些,不要面面俱到。

基于此,我们不难发现,课堂教学内容的最终取向还是学生的学情。

那么对于以前的教学内容,我可以大胆将其删除。在第一课时中,我让学生反复品读第 1 然段,积累重要的文言词汇,并结合《三峡》来谈两者写作上的异同,最后站在地理著作的角度去感受徐霞客的科学求实精神即可。

所以,课堂教学在遵循单元教学、文体体式、语文意识的原则之外,最后的取向还是要依从于学生的学情。一切从学情出发,兼顾语文教学的价值取向,大胆删除可有可无的教学内容,这样的课堂才是科学的,才是有效的,才是语文的。

语文教学如此,其他科目亦然。

好的课堂,更讲究一课一得,不要把所有想讲的都在课堂上讲完;欲面面俱到,到最后一面都难以到。教师要清清楚楚教,学生方能明明白白学。

项羽，竞赛课堂的悲情英雄

自从喜欢上司马迁的《史记》后，最爱的人就是项羽。

我是一个有着英雄情结的人，一直梦想着当一名侠客，几回梦里飞檐走壁，一箫一剑任我行——杀富济贫、英雄救美、走马狂歌，好不潇洒快活。

我爱项羽的真性情，爱他的儿女柔肠。"力拔山兮气盖世，时不利兮骓不逝，骓不逝兮可奈何，虞兮虞兮奈若何。"他拔剑起舞，他长啸当空，他情意绵绵，他挥泪如雨。好一曲垓下离歌，好一段凄美爱情，好一条柔情汉子。

我爱项羽的壮志雄心，爱他的神勇无二。"彼可取而代也"，项梁虽能掩其口，但怎能掩住其内心的渴望？他力能扛鼎，驱数百甲兵，如大风卷箨。每一次上战场，他仿佛裹挟一股临天的力量，血雨腥风驱江河激荡！他喑哑叱咤，他纵横驰骋，他破釜沉舟，他气冲霄汉！纵算兵围垓下，他也要东城决战，吼一声"杀敌何如"。

然而江山必定是属于刘邦的。

虽然这位好酒及色的刘邦，"运筹策帷帐之中，决胜于千里之外"不如张良，"镇国家，抚百姓，给馈饷，不绝粮道"不如萧何，"连百万之军，战必胜，攻必取"不如韩信，却能取天下。

"此三者，皆人杰，吾能用之"，刘邦道出了成功的真谛。

项羽注定是悲情的，盖世霸业成空谈，繁花落尽，千年一叹。

"自矜功伐，奋其私智"，太史公已做了最公正、客观的评定。

我们的比赛课堂何尝不是如此？成功的课堂注定不是"项羽"们的，而是属于"刘邦"们的。

课堂教学竞赛，与其说是华山论剑，还不如说是战争大角逐。因为成功的课堂需要老师当幕后英雄，需要做组织者、指挥者、策划者，老师不必冲锋在前，不必赤膊上阵。可惜在战场上，项羽他总喜欢冲锋陷阵，凭一人之勇攻城略地，且留下"天下匈匈数岁者，徒以吾两人耳，愿与汉王挑战，决雌雄，毋徒苦天下之民父子为也"的笑谈。学学刘邦吧，"吾宁斗智，不能斗力"，把每一个学生培养成即将出征的勇士，烽火硝烟，定格他们英勇的雄姿。

第二届全国中学语文教师教学基本功展评现场授课，我俨然一"项羽"式的悲情英雄，尽情演绎着我的性情和气概。

执教《麻叶洞天》，读着茶陵人的愚昧和迷信，读着徐霞客的无奈和无助，读着"蛇伏以进，背磨腰贴，以身后耸"，我的眼角湿润了，想起了徐霞客攀绝壁，涉洪流，有险必探，有洞必入的情景。他横穿云南，他漫过三湘四水，他走过戈壁荒漠，大半个中国留下他前行的步伐。猛虎吟啸，毒蛇出没，那份艰辛、那份凄苦非常人能煎熬啊。"蛇伏以进，背磨腰贴，以身后耸"是一位五十岁的老者探险麻叶洞的一个缩影，永远被定格在他敢于探险、科学求实、不畏艰难的精神丰碑上，"吾守吾常，吾探吾胜"也许是一位勇敢的探险家内心深处最洒脱的表白和天地间最掷地有声的宣言，我仿佛感觉他的内心在燃烧，他的生命在奔涌，他的精神在升腾。于是，我的英雄情结被唤起，我仿佛一猛士，仿佛在扮演着徐霞客。我忘记了如果课堂是战场，那么我应该是指挥官，应该做刘邦，应该让学生去打仗，这样才能打一场胜仗、一场硬仗。我潜意识地想着个人才华的竞赛而不是集体的行为，注定兵败长铁一中。

比赛前，我没想着用多媒体上课，也没带任何备课资料，平时单枪匹马惯了，就这样只身来到长沙去迎接这一次挑战。

项羽败了，乌江水静静地流淌着他悲情的血泪。我也败了，但我回来了，重新回到潇水之畔，枕着夜夜涛声。

不过，项羽毕竟被写进了"本纪"中，看来司马迁是懂霸王的。

谁能懂我呢？我问波涛！

当时心有不甘，甚至心存埋怨。

人的认知随岁月的增长而见长。一段难忘的经历，铸就了如今的自己。喜耶，悲耶？

┃ 坚守自己的长处 ┃

"业精于勤，荒于嬉；行成于思，毁于随"（韩愈语），勤奋与思考是我们进步的阶梯，思考让我们的课堂更有高度。伟大的思想家多半有自我沉思的习惯，而这种习惯不是心血来潮的习惯，是持之以恒的品质。每一次课堂，都是一次思考的阵地；每一次思考，都是一次成熟的蜕变。我庆幸，我一直在付出着，在思考着。

反思是自我审视的思考。习惯了反思的人，总喜欢在自己身上挑挑毛病，找找问题，常常反思总是有好处的，正如江苏著名特级教师洪宗礼所说："每一次反思都是成功的记录，每一次反思都是思考的直接结果。反思出理论，反思出经验，反思出智慧，反思出灵性，反思出创意。"

然而我们在反思不足和缺憾的同时，似乎很少去寻找自己的优点，常常忽略了自己的长处。一次著名教育家魏书生先生来永州讲学，他说，老师一定要善于发现自己的优点，一天一个优点，日积月累，积土成山，你就成功了。先生语气恳切，目光凝视，他的话犹在耳畔。

是啊，教学之路上，每一个人都有其自身的特点，我们何苦为自己的不足而黯然神伤呢？如果我们在反思不足和缺憾的同时，不忘记自己的优点和长处，持之以恒，那么成功就离我们不远了。

于是我便想起第二届全国中学语文教师教学基本功展评现场执教的《麻叶洞天》来。

我是用生命的激情来演绎我的语文课堂教学的，我喜欢保持饱满的情绪，我甚至以亢奋的状态进入课堂，课堂上我会手之舞之，足之蹈之，我会因作者之喜而喜，作者之悲而悲。纪连海说过："高效的课堂需要师生焕发生命的激情，因为只有激情才能激发激情，才能点燃心灵圣火，拨动生命的琴弦。"在《麻叶洞天》的课堂上，我用激情展现了我的教学风格，虽然褒贬不一、毁誉参半，但我会继续向前，我始终相信没有激情的课堂，难以激发学生的激情。感谢一些听课的老师唤我为"抒情男""激情哥"，感谢长铁一中的学生们，他们说："老师，您太有激情了，比我们老师强多了。"

我是一个真性情的人，自恋一点说我是一个有着诗人气质的语文老师。我喜欢用自己的本真演绎课堂，我喜欢用抒情的方式去对话作者，去触摸历史，去叩问苍天，我不喜欢躲躲闪闪，我讨厌故作深沉，我反对技巧分割。我的课堂可以说是率真的，或许有人认为这是疯疯癫癫，这恰恰就是我的性情罢了。一个没有"自我"的课堂，除了老气横秋外，我想只剩下些十足的匠气了吧。

上课如为文，一堂课应该有一个教学主题，有教学主题的课堂是成熟老师的重要标志，比如窦桂梅的主题教学、程少堂的语文味、董一菲的诗意语文，他们的课堂几乎都有一个教学主题。《麻叶洞天》一课，我以"语文意识"统摄全课，虽然教学内容有点繁杂，但我的课堂教学流程井然有序，至少让学生明白老师要教给他们什么。

著名特级教师余映潮老师说，语文课堂应该让学生活动开来。执教《麻叶洞天》的课堂上，两处教学设计可谓独具匠心。我问："如果你是景点播报员，你如何来读第 1 自然段？"一女生便以播音员的方式朗读起来，字正腔圆、抑扬顿挫。然后，我起头，学生齐读，一唱一和，课堂迎来一处高潮。接下来我要求学生以湖南方言的形式还原当时的情景，我演徐霞客，学生演茶陵的老百姓，三处对话，地方色彩浓郁，麻叶洞的神秘、当地百姓的迷信以及徐霞客的无奈被淋漓尽致地烘托出来，学生充分地感受到了语言的魅力，课堂掀起了第二次高潮。

有人说一节好课，也是一节遗憾的课，而我说，一节遗憾的课，也蕴含着一节好课所没有的独特之处，这取决于评价和思考的角度，而这些长处往往是需要我们去开垦和坚守的。

课如其人，一个人的修炼，绝非朝夕之功，我们需要坚守读书、写作的良好习惯。

"壮士腰间三尺剑，男儿腹内五车书"（李渔语），读书方能增加课堂的厚度与深度，我虽愚笨，但我一直坚守着这一习惯，厚积薄发、博采众长，方能让自己站得更高，望得更远。

"不会写作的语文老师，是很难真正理解教材中写作上的微妙之处的，是难以真正教好语文的"（秦牧语），一个没有文学修养的语文老师是很可怕的，没有写作的经验，就无法带领学生走进作者的内心世界，这样的课堂只能是肢解的课堂、呆板的课堂、死气沉沉的课堂。所以，懂得写作的老师可以让课堂更加灵动，更加智慧，更加充满人文的气息。写作，我一直坚守着，文字是我生命的诗行，文学是我生命的翠袖红巾。

不由得又想起魏书生先生在一次讲座中的发问：语文课改的资源是什么啊？——坚守自己的长处！

是啊，坚守自己的长处，我们首先得修炼自己的长处，方有坚守之处啊！

十多年过去了，时常会想起这场比赛。所有的问题都暴露在外，并不是一件坏事。因为暴露，所以清醒。因为清醒，所以反思。因为反思，所以进步。

　　学无止境，艺无止境。回看来时路，青涩也好，苦涩也罢，都是一份必经的人生历程。专业的发展，都是要经过雨打风吹的；唯有战胜自己，才能真正走向成熟。

要带老师去比一次赛

2014年，迎来我人生的一大转折点，我被调往永州市教科院担任专职的小学语文教研员，兼任中学语文教研员。这是一项全新的工作，尤其是对于小语课堂。然而庆幸的是，我从2010年就开始研究小语名师，如窦桂梅的主题教学，薛法根的板块教学，王崧舟的诗意语文，李吉林的情境教学……作为高中教师，不得不感叹于小学名师们精湛的教学艺术，同时也在反思自己的语文课堂。不过当时仅局限于研究而已。

光研究是远远不够的，而是一定要去实践。只有实践，才能出真知。

┃ 选手不懂怎么办 ┃

2015年5月7日，这是我语文教学路上具有里程碑意义的一天，因为我上了一堂小学语文课《彩色的非洲》。当时要带选手参加全省教学竞赛，而选手对我所讲的教学设计一知半解，理解很不到位，选手急了，大伙都急了，于是有人建议："吴老师，要不您亲自上一节课吧。"这样的建议，让我有点尴尬——我从没教过小学语文啊。迫于无奈，冒着风险，我硬着头皮，应允下来。我花了一个中午的时间备课，下午第一节课不太自信地走上了讲台。

这是我第一次公开执教小学语文。站在讲台上心底发虚，冷汗直冒。但我立马冷静了下来，我观察着学生，让他们去展示自己，我顺势而导。上着上着，学生们越来越兴奋，我也陶醉在这样的氛围里。课堂很成功。选手在课后说："忽然明白，我一路走来、一路磨课，却没有真正把语文课上成语文课。吴老师的这一示范，仿佛一阵风，驱散了我心中的迷雾——原来语文课要这样上，这样的语文课才是真正的语文课！"

也许正是勇敢地走出了这一步，我才有自信继续前行。

这也让我明白了一个道理：教研一定让老师们能看到。我们指导教师，很多时候停留在嘴上，而极少付诸行动。到底如何上？必须让老师看到真实的样子。专业成长到一定程度，每个人都有责任去指导青年教师成长，而我的经验告诉我：行胜于言，让老师们看到！

┃ 抽签结果出来怎么办 ┃

比赛篇目是需要抽签的。当选手抽到上课篇目后，怎么办呢？

上次比赛，选手抽到了《凤辣子初见林黛玉》。这篇课文生僻字多、内容难，短短30分钟内该教什么？怎么教？选手很着急。他的教研员也很着急，于是他们给我发短信问我怎么办，我只回了一个字——"好"。后来他们告诉我，当看到一个"好"字时，他们闷闷不乐：这么难的课文还说好？这节课到底怎么讲？王熙凤的性格特点从哪入手？想在赛课中取胜该怎么做？

晚上，我便陪着他们集体备课，细细品味文本后，提出讲课方案——从王熙凤的"笑"入手，找出她在文本中的几处"笑"。"她笑着笑着忽而转悲忽而拭泪，皆因贾府中的最高权力掌控者——贾母。我们要从王熙凤的'两笑一悲一拭泪'入手，让学生通过这段文字感受王熙凤泼辣无礼、阿谀奉承的性格特点。"我的建议无疑是正确的。第二天比赛中，选手按照我的思路讲课，完美呈现了《凤辣子初见林黛玉》一课，课后掌声不断。一位老师留下这样的文字：选手的课上得好，还要归功于吴老师眼光毒、思路清、解读准；在此次素养大赛中，身兼评委的他展尽风采、独领风骚；他在评课中引经据典、论述结合，其一针见血、妙趣横生的评价，不时引来场下老师热烈的掌声。

我的名字被湖南小语教师记住了。

这次比赛，是我亮相湖南小语的一次重要契机。最终，我华丽登场，因为选手获得了省一等奖，实现了永州市获得省青年教师素养大赛一等奖零的突破。

我总结本次比赛成功的原因，无非有三：第一，给选手以信心，让他们看到希望，看到你指导后课堂的模样；第二，化繁为简，不要贪多、贪全；第三，教师要做课堂的幕后英雄，相信孩子会给你意想不到的惊喜。

而这些恰恰是我参加全国比赛吸取来的教训。这次比赛，让我赢得了永州小语老师们的信任，也让我在专业上再进一步。

┃ 比赛成功后怎么办 ┃

我自己比赛没有取得好名次，而带老师比赛却一举成名。成功给我带来的是一份自信，我相信自己一定行。

带着这份自信，我在小语教学之路上一路跋涉，跨学段研究有所小成。

2015年10月22日，我在福建泉州"真语文"活动中执教全国小语示范课《杨氏之子》，教育部前新闻发言人、语文出版社社长王旭明先生这样主持：别的我不多介绍了，大家只要记住今天给我们上课的老师，他叫吴春来。那一堂课，王旭明先生对之评价颇高。

后来，我成了"真语文"活动的常客。

听《语言文字报》编辑刘潇老师说，我投稿的文章王旭明先生都要一一审阅的，他对我的观点非常赞同。印象最深刻的是2016年，在天津，他执教《老王》，我评课，那一次评课掌声、笑声不断，我再次被称为"激情哥""抒情男"，而王旭明先生知行合一的精神被大家称道与铭记。华东师大周宏教授对我的评课如此评价："听了春来的评课，内容形式俱佳，说话的高境界！个人特点、艺术表达、幽默智趣兼具，后生可畏！"著名特级教师张赛琴老师夸赞道："春来评得合理，他没有脱离王社长的课堂实际，论的是语文的方向和发展，这是有高度的代表教师的真心实意的话；评课，不仅是专业技术，更是人文情怀，春来有。"

天津之行，我名气大增。

当然他的诗歌朗诵会也是令人终生难忘的，那天白岩松亲自主持，康辉、陈铎、詹泽等人也来了，我朗诵他的诗歌《美人洪》，第一次见到那么多著名主持人，还真有点兴奋，遗憾的是不好意思去跟他们合影，没有留下这美好的瞬间。也正是王旭明先生倡导的"真语文"活动，让我对教育有了更深层次的思考，也正因他的影响，我到农村做了三年第一校长，努力践行"真教育"思想，后来才有了"五多课堂"的具体实践。一次有幸与著名特级教师贾志敏先生参加"真语文"活动，他执教《推敲》，会后他跟我交谈，我说出了课堂设计的意图，他高兴地竖起大拇指说："春来，只有你读懂了我的课。"后来，《语言文字报》编辑约我写稿，谈谈中小学语文教学的异同，我得出这样的看法：语文还是语文，只是学情不一样而已。正是因为跨学段研究语文，让我尤其重视学情，正是因为重视学情，课堂上我始终关注着学生，课越上越进步。跨学段的研究与实践成果《发现语文》于2018年1月由语文出版社出版，王旭明社长欣然作序。拙著有幸入选中国教育新闻网2018年度"影响教师的100本书"。王旭明先生一直鼓励我多上课，要我做被老师们记住的语文老师。他还说：在我目及之处，小学、初中、高中都能上课且还上得很好的，春来是不多见的一位；尤其是春来的即兴评课，很是难得。

为何语文教学难？通过跨学段研究，我得出这样的思考：教师要懂得教材，懂得学生，懂得教法。而这些却是基本常识，恰恰被我们忽略了。

相信自己行，只要不放弃努力，也许自己真的就行了。

关于赛课再说几句

一次全国大型的教学比赛落下帷幕后，我带着好奇心阅读众多关于本次大赛的文章，似乎读出了些许不满，一是关于课堂质量的不满，二是关于活动安排的不满。对此，某著名特级教师特意撰文发出浩叹，颇令人深思。关于赛课，我也有话说。

我们需不需要赛课

我曾经参加一次市级赛课活动。

连续七场比赛，我没有缺席，我认真观察师生的课堂表现，仔细记录下教学的内容。老师皆为中青年教师，他们有着美丽的外表，谈吐不凡。毕竟是从各县区选来的教师，自然都有其拿手好戏，普通话标准、教态优雅自然、课堂驾驭娴熟，然而整个课堂似乎是一场舞台表演，除了听到连续不断的掌声，似乎难以让我找出印象深刻的片段。

课后，我去询问我的学生，他们几乎异口同声地说："我们什么都没学到！"如果一堂课，学生什么都没学到，我们的比赛还有什么意义？

作为观众，也是旁观者，上课的一幕幕还在我的眼前浮现，仿佛被漂洗的云，镶嵌在湛蓝的天空，给人以沉思与冥想。

语文教学并不一定要追求厚重与深沉，语文教学可以是山中的小溪，虽浅，但清，因为它不掩饰。人们之所以讨厌污浊的小河，是因为它浅却装得深沉。《项羽之死》一课中，"项羽该不该过江东""如果你是项羽的军师，你会给项羽什么建议"等问题，貌似十分人文也十分有厚度，实则偏离了语文，这何尝不是一种"伪文化""伪语文"呢？虽然清浅，如果能带给学生以美的享受和情感的熏陶，就像小溪，可以灌溉，可以濯足，可以映照翠林与红霞，这何尝不是一种深度呢？

语文教学不一定要追求课堂的热闹，惊涛拍岸自有一份豪壮之美，如果风平浪静、水天一色，何尝不是一种情感的共鸣呢？为了营造课堂的气氛，老师要求学生给回答问题者以掌声，学生木讷的表情令人担忧，还有所谓的小组讨论，除了听到学生叽叽喳喳的声音，课堂要展示的内涵无人问津，课堂上他们真的快乐吗？我的学生在周记中道出了心声："这位老师在上课的时候，一直让我们激烈地讨论，新课标实施后，小组讨论、多媒体上课等做法风行，语文课堂一时热热闹闹。我是这么理解的：不能盲目地效仿，应该恰当使用，好的方法应利于学生思考，而并非上课一定要讨论很激烈。如果学生思考了，安安静静的课堂也一样是成功的。"

语文教学不一定要追求完美的结局。一堂遗憾的课未尝不是一堂优质的课，也许这样的课能给人以更多的启迪与深思，因为遗憾的东西比完整的东西更深刻、更真实，在它的身上印满了重重叠叠的生命影迹，就如花的绽放，在绽放的同时我们仿佛听到了花心的破碎，这是生命的另一种诠释。这场教学比赛给我印象最深刻的就是那位执教《拟行路难》的老师了，也许天公不作美吧，她上课时，电脑出了问题，耽误了好几分钟，但她始终微笑着，然后说："悲莫悲兮生别离，我们都是红尘的过客，电脑出了几分钟问题，就让我们多了几分钟相处的机会。"这是多么机智的语言呢！课堂上她一段深情的范读，深深吸引了我，声情并茂中足见她对鲍照的认同与同情。课堂上她带领学生走进鲍照的彷徨思绪中，走进"上品无寒门，下品无士族"的南朝风雨里，同时也走进了文人失意的千古惆怅中，当她正想扩展阅读李白的《行路难》时，下课铃响了……这堂课没有完美的结局，这种遗憾却如细细密密的月光，美得明朗和超脱。然而，这位老师的课堂，没有得到公允的评价。

语文教学要回归阅读的原点。没有阅读的课堂，就像花儿离开了枝干，意味着它的生命开始终结，只有通过阅读，学生才能真正进入文本，才能与作者、文本进行对话，才能触摸作者的脉动，才能感受语文的精魂。童庆炳教授说："语文的世界应该是人文的、情感的、审美的世界，语文课应该成为孩子们的人文的、情感世界的钥匙。"如果课堂没有阅读，光有老师的介绍和流于形式的"伪阅读"，学生就始终滞留于语文之外，而无法享受到内在的意蕴之美。两位老师同时执教《项羽之死》，而学生真正阅读文本的时间都不足 5 分钟，学生如何去体会"乌江一刎，千古遗恨"的悲怆情怀？

语文教学也要回归诵读的传统。文字是有生命的，它以自身独有的语调、节奏，充分、适恰地实现着言语主体生命之情气，而这种生命之情气是借着声音彰显出来的，诵读是最传统最适合的方法。然而，诵读不单是动动嘴皮的功夫，对于高中生来说，要在理解的基础上进行诵读。一曲《将进酒》，文人万古愁。执教《将进酒》的两位老师都忽略了"愁"的意蕴，只在诵读的技巧上进行指导，有点本末倒置的味道了。

如果语文教学就是飘游于青天的白云，就让它自由飞翔，不能因为别人的观赏而刻意去洗濯生命的底色，给它划定固定的轨道，这样反而失却了本色之美。

我们的语文要带给学生什么？为了获胜，而去造假？去作秀？去掩盖瑕疵？一堂课，如果不能给学生心灵的震撼，如果没有教师自我的存在，如果没有学生自主的学习，如果没有作者、文本、学生、教师的充分对话，如果仅仅贴上"自主、合作、探究"的标签，如果仅仅是靠学生的掌声而赢得表面的活跃，我想这样的课堂是多么的肤浅呢！

于是，亲爱的读者朋友不免一问：我们到底要不要赛课？

回答大抵持三种态度：第一，需要；第二，不需要；第三，可要也可不要。窃以为，赛课对于青年教师的成长来说是一次历练，也是一次提升的机会，是非常需要的，前面我已经做了阐述。对于选手而言，参加赛课，也许更期待的是在比赛中获得一个好名次，这是一种正常的求胜心理，在市级、省级或者全国的舞台上展示展示，何乐而不为？我们不必心存芥蒂。对于听课老师来说，这是一次观摩、学习、交流的好机会，取长补短、相互切磋，有百利而无一害。但既然是比赛就有输赢之分，何为输？何为赢？其实难以界定。也许你在比赛中赢了，但赛后因为自己的名次而沾沾自喜不求上进，反而停滞不前；也许你在比赛中输了，但你善于反思，从失败中总结教训来一次华美的转身，实际是大赢。事实上，一些名师也是通过比赛成长起来的，比方说董一菲、尤立增、赵福楼、王君等老师。当然，一些在语文界有一定影响的老师并没参加过全国赛课，但至少也参加过县、市一级的赛课，他们的成功或多或少跟赛课有关。至于那些从未参加赛课的老师，他们的成名与赛课本身并不矛盾。现在我当了教研员也常常组织赛课，通过赛课发现了不少教学新秀，这对培养人才、促进教研大有裨益。

▎ 我们需要怎样的赛课 ▎

我们呼唤公平的赛课。

由于是赛课，组委会基于课堂可观性的考虑，自然需要选手备课时间长一点，参与人员多一点；对于听课老师来说，却喜欢看到原汁原味的比赛，希望赛课不作秀，旨在真正提高教学艺术，重在选手素质的彰显，等等。那么，我们需要怎样的比赛规则呢？比赛课文赛前抽签，不是提前告诉比赛课文或自带一节课；老师备课可以上网查资料，但严禁他人参与。至于赛课内容，并不做过多要求，但难度应相当，不能有深有浅，否则有失公允。比方上次我参加的比赛有老师上《声声慢》，有老师上《念奴娇·赤壁怀古》，而我上的是《麻叶洞天》。对于某届"语文报杯"大赛的比赛课文，有老师就质疑说课文太难，比如《滕王阁序》《兰亭集序》《祭十二郎文》《报任安书》……不过在我看来，第一，课文都有难度，足见其公平；第二，课文虽有难度，但有难度才更见选手水平。也有老师苛责道：这样的课文在一节课中如何体现？但他忘记了：课堂应立足于学情，只有根据学情才能科学地确定教学内容。当然这也需要评委们解放思想，不苛求课堂的完美性，只要是能让学生有兴趣、有收获、有意义的课就应该是好课，哪怕只教学生读通了文章，认识了几个文言词语。事实上，不少比赛课，常常是学生连基本的文本都没理解透，老师就大谈特谈文本之美、艺术之奇，结果，学生一无所获。所以，我们需要依据学生实际来组织教学的赛课，而不是浮光掠影、走马观花、把学生当作道具的赛课。

当然，我们更呼唤真实的赛课。

真实，唯有真实，比赛课才有值得学习和借鉴的地方。一堂竞赛课，反复打磨、多次演练，我们讲"十年磨一剑"，如果磨的不是内家功，而是一堂课的功，那么这样的比赛还有多大意义？如果比赛不是赛前抽签而是选手自选课文由各地教研员精心设计，如此一来，只要是老师，皆可站在省级教学比武的竞秀台上演绎预设，慷慨激昂、意气风发。一次听一老师执教《念奴娇·赤壁怀古》，老师最后一句"谢谢同学们的配合"让人大跌眼镜，公开课俨然成了配合课，学生配合老师，老师配合教研员，教研员配合评委，评委将要配合谁呢？……

常听人说，比赛课都是好看不中用的课，我一向反对这样的说辞，比赛课应该体现选手的教学理念，展现老师的素质，呈现课堂的有效状态，焉有不中用之谈？一位选手执教《雨霖铃》，她提出："阅读教学是学生、教师、教材编者、文本之间的多重对话，是思想碰撞和心灵交流的动态过程，本学案设想以赏读为课堂的主线，在阅读中对话和交流，尽量指向每一个学生的个体阅读，组织课堂赏读活动。"这样的教学理念，让人眼前一亮，虽然没有独特之处，但至少体现了教师的思考。一位老师跟我聊天时说："我很反对在语文课上来些虚假的东西，我一直倡导语文课是文字的艺术，是心灵的升华，也是人生的课程！别无其他，就是不折不扣地践行我的语文思想！"此番话引起了我的共鸣，虽然我没听过她的课，但是这样的话足以证明课堂的高度。然而其他选手的课堂并没体现某种教学理念，老师是为了比赛而比赛，是为了上课而上课，他们的教学设计也仅仅围绕"比赛"二字而设计。

比赛课上，我们更希望看到才华横溢的老师，他的才情他的机智，我们都为之心潮澎湃。如果比赛课重在作秀表演，一节课体现的不是老师的智慧，而是群体的智谋，一场比赛花拳绣腿，虽说饱了眼福，实则空空如也。一次我当评委，连续听了八节课，前七节没有让我动心的教师，但最后一位老师令我心头为之一振，他的下水作文，着实感动了所有的学生和老师，虽然他只取得了二等奖，但丝毫没有消减我对他的钦佩之情。语文课堂，虽说是学生的课堂，但是老师的才情对学生有潜移默化的影响，我不主张老师在课堂上过于表现自己，但是我一直以为才子型的老师，应是我们努力发展的方向。我也始终相信，优秀的语文老师本身就是语文，真实的自我，才是语文课堂的精气血脉。

我们也呼唤安静的赛课。

热闹的背后，我们也需要沉静的课堂。不少比赛课，最大的特点就是分组讨论。一次当评委听课时，我特意做了详细的记录，八节课节节有讨论，讨论的时间都不超过 5 分钟，并且老师都要学生站立起来，旁座一老师问我："你们上课也是要求学生站起来吗？"我摇头。讨论是一种交流，单从讨论的时间来看，5 分钟能讨论出什么结果？站起来讨论的效果比坐着要好吗？并且学生那么机械地站立起来，有的还茫然不知所措。讨论虽好，但不能流于形式，有时沉默的思考比表面的热闹更重要。

我们到底需要什么样的比赛课堂？赛课者恰如竞渡之人，我们是隔岸观者。面对滔滔江水，看竞渡之人，呐喊声里，我们或许激动，或许艳羡，或许仿效，或许蠢蠢欲动。茫茫江水中千帆竞发，唯有竞渡的精神不老，搏击风浪的气魄不衰，才是我们的愿景。

所以，我们呼唤这样的比赛课堂：立足于学生的学，学生不是跑龙套的；着眼于老师的发展，老师不是上课的机器；放眼于教育的未来，展示真实的自我。

┃ 我们需要怎样的老师赛课 ┃

大家不难发现，从全国各类大赛中走出来的老师，真正有影响、有水平的并不多，甚至见过一老师获得全国一等奖后，名气大增，凭一节课从海南上到湖南，从湖南上到新疆，而这节课居然是由众多老师一道打磨出来的。由此，有老师开始怀疑赛课的意义，甚至排斥这样的活动。我们不妨换个角度想想，不是赛课出了问题，而是选手出了问题。如果赛课选手赛课前就热爱读书、喜欢思考、热心教研、钻研课堂，赛课后仍不忘初心、默默耕耘、奋斗不息，那这样的老师便是一种标杆、一种引领、一种方向，会激发更多老师努力奔走在教学之路上，乐此不疲。

一个教师应该往哪个方面去成长？我以为要提升命题、写作、说课、即兴演讲、现场教学这五项基本的技能。

讲讲这说的能力（即兴演讲的能力）吧。亲爱的读者朋友，你别小看了这项能力。为什么我们在课堂上很难生成呢？是因为我们缺乏什么呢？缺乏一种即兴演说的能力。你不能够处理突发的事件，因为你的脑海当中只有什么？只有教案。导语、过渡句都写得清清楚楚、明明白白的，你怎么会变化？想要上出好课，即兴演讲能力，它是必备的。

根据不同的情况，说不同的话，这才是生成。点拨、评价的功夫是教师课堂上的重要功夫。现在讲教学评一体化，就提到了评价。这个能力是可以训练出来的，不是天生的。即兴演讲能力，其实是什么能力？是思维的能力，反应敏捷的能力。亲爱的读者朋友，我从不认为，说话的能力仅仅是说话的能力，说话的能力一定是思维品质的能力。即兴演讲既讲究敏捷性、概括性、严谨性，也考验口头的表达能力。

再比方说写作的能力。我常常问：老师，你们会写作吗？现实情况是，不会写作的老师，教学生去写作——振振有词地、有模有样地教学生写作，这不是很荒唐的事吗？

比赛只是一次历练，我们不能为了比赛而去比赛。任何人的成长，都是自发的；真正优秀教师的成长，一定是去功利化的。语文教师如此，其他学科教师亦如是。

评课中成长

观课如观人。观人如观课。看到那个人，也就看到了他的课……

2014 年 8 月，我从一名高中教师，变成了一名专职的小学语文教研员，虽然也兼任中学语文教研员，但多少是有点失落的。不过从事教研员的这十年，是我进步最快的十年。这十年干得最多的事，就是评课。教研员不容易当，只有靠自己的专业水平才能赢得老师们的信任。一个不会上课的教研员，是难以真正指导老师们去上课的，评课是建立在上课的基础之上的。当然，亲爱的读者朋友，我的观点也许你并不赞同。但我的亲身经历告诉我：评课会提升上课水平，上课也会同步提升评课水平，两者相辅相成，相得益彰。作为一线教师，多听课，是有百益而无一害的。

专业成长之路上，我想分享四句话：把一件事想得明白；把一堂课观得清楚；把一堂课评得生动；把一些话说得深刻。

把一件事想得明白

一日，有青年教师跟我说了说他的苦恼：他很想出名，看见一些全国名师们活得那般风光很是羡慕，而自己却一事无成；同时又看见个别想出名的老师到处加微信群结识名师大家们，狐假虎威，觉得很是费解。我听后非常理解他的心情。

作为青年教师，想出名不是坏事，但太想出名就不一定是件好事了。想出名，自然就不会甘于平庸，他会努力工作，会迅速超越同行；但太想出名，就难免急功近利，凡事都会想着自己的功名，眼里就难有学生，学生容易沦为他出名的工具。

我告诉他作为老师只要把自己班上的学生教好，自然就出名了。作为学校备课组长把年级带好，作为教研组长把该学科组带好，这样也出名了。

总之一定要做好自己该做的事。不要动不动就想当别人的榜样，做什么领军人物，引领别人。

对他提到的第二个问题，我哑然一笑。这样的老师我也见多了，有年轻的，甚或有年长的。这样的老师我们也要理解他们，同情他们，只要良心不坏，通过这样的方式刷刷存在感，何错之有？据我观察，语文老师比其他科目的老师都想出名。这是受了文化的影响——儒家思想主张积极入世，而现在的语文老师把出名就当成了入世。不过，一些年长的老师还马不停蹄、乐此不疲地追求名气，的确少了格局，缺了大气。

最后我还跟他说，其实很多名气很大的老师不一定比你优秀，他们的名气很多是靠学校领导或当地政府捧出来的，有些名师不是真名师，而是名人，通过参加各种活动亮相、露脸就出了名，他们的教学成绩很可能比不过普通老师；他们的课也许在学校还算不错，如果放在全市或者全省，压根上不了台面的。

当然我还有很多话没有直接说，也不好直接说。在我看来，一位老想着如何出名的老师是缺乏境界的。我还是那句话，一位老师出名或不出名，并不重要，重要的是你在教学上付出了多少，你心中是否装有学生。课堂是我们的生命场，作为老师我们只有扎根课堂，才对得起自己的良知，才算得上一名称职的教育工作者。现在很多名师，俨然语文活动家，今日去演讲，明日去开会，后天参加什么高级论坛，却对自己的班级，对自己的学生关注甚少。不得不说，这极其可悲。

所以，做好自己该做的事比什么都重要，看到学生的进步，那是最幸福的事情，其余的我们不必太在意。相信这一点，我们才能活出一份自在与潇洒，才能真正感受教育带来的快乐与幸福。

后来，我去听那位年轻老师的课，发现他的课几乎没有学生，虽然他很有才华。

　　观课如观人。观人如观课。看到那个人，也就看到了他的课。别人上课是一面镜子，通常会照出听课者的模样。故而，我喜欢去听课，常看到自己的不足，并引以为戒。看到那些淡泊名利，眼里有学生的老师，便心生敬意。他们的课，很值得学习。

把一堂课观得清楚

人人都会观课吗？不一定。施一公先生说，科学在少数人手里。通过观察发现：真正会观课的，也是少数人。很多人观课存在四大误区。

第一，热衷看热闹。看课堂上学生举不举手，回不回答问题，看老师和学生玩得开不开心。总之一句话：课堂里多搞点动静。

殊不知，这样的热闹不是学科本身的热闹，这样的热闹不是思维的热闹，这样的热闹不是学习该有的热闹。

曾经听过一堂数学课，学生答出一个简单题目就奖励一个小礼物，教室里好不热闹，学生已经知道的东西教得津津有味，看起来气氛异常活跃。这样的热闹，居然被观课者称道。

第二，容不得沉静。因为热衷热闹，听课老师一般是容不得沉静的课堂的。只要没有学生敢于回答问题，学生处于沉静状态，那就是好课的死敌。

殊不知，学生不开口不一定是授课教师的错，可能学生本来基础差，没有举手回答的习惯。沉静，是课堂不可或缺的风景，在沉静中，学生在凝思，在苦想，这是课堂十分珍贵的时刻。

第三，看不到变化。只要一上课，学生、老师十分亢奋，就误以为是好课。一课堂下来，老师的问题，学生非常顺畅地解答出来，也误以为是好课。毫不夸张地说，课堂上有对学生问题的纠错，那才是好课的重要标准。

殊不知，老师的问题本身就有问题，因为老师教的都是学生会了的。一堂课，如果学生没有学习上的、知识上的、能力上的或情感态度上的变化，你能说这样的课是好课吗？

第四，盯着老师看。一课堂，眼睛一直盯着老师看，哪个老师普通话好，朗诵好，粉笔字好，说话幽默风趣，声音好听，表情丰富，就了不得了，可以从第 1 分钟看到第 40 分钟，全然不顾学生在做什么。只要看到学生在配合老师的每一个问题，每一个活动，就以为妙不可言。

殊不知，看课，看的是学生，看学生是不是在动手，是不是在动嘴，是不是在老师的引导下动脑，是不是有所收获。

当然，观课的角度有多种，比方说教学秩序、教学环节、学生活动、教学内容等。我现在看课，就看人。具体地说，有"两看"，一看是否有尊重的意识，二看是否种下"真、善、美、思"的种子。我以真实的故事来讲讲这"两看"。

┃ 尊重，是课堂最美的风景 ┃

一位名叫金露的教师听完我执教的"五多课堂"示范课《竹石》后，留下这样的评价：我留意到，课堂上吴老师或侧耳倾听学生的朗读，或站在后方欣赏学生展示，就是这样一节淳朴的课，老师用肯定的眼神、饱满的亲和力，不断跟随着学生，在言语实践中引领学生与美好的事物相遇。

这样的课堂氛围大抵是师生都喜欢的。课堂的核心是育人，说得更具体一点就是"立德启智"。为有效实现这一目标，我提出了"多到学生中去，多让学生提问，多让学生展示，多让学生思考，多让学生讨论"的"五多课堂"。

这一切源于尊重。

因为有尊重，教师才懂得因材施教。我们常说因材施教，但到底什么是因材施教呢？说得简单一点就是根据学生的学习状态，给予适当的方法引导。要想更好地了解学生的学习状态，就要提供机会让学生展示，然后根据展示相机而动进行引导。引导的过程会营造出一种课堂氛围，这种氛围会让人产生期待，也可能会让人略生紧张，但最后一定会有柳暗花明的惊喜。这样的课堂氛围极富艺术的张力，学生的思维很集中，却又那么快乐与惬意。

一位学生到台上抄写"千磨万击还坚劲，任尔东西南北风"，反复写，反复擦，最后留下歪歪扭扭的两行字。看见这样的情境，也许我们会轻易忽略，或许会对之加以指责。而我却让另一位学生来评价，没想到他评价道：这位学生很认真。同学们顿时哄堂大笑起来。正是学生的笑，让我注意到了那位抄写诗句学生的尴尬。于是，我面带微笑地对他说："你的确很认真，同时你也是一位善于改正错误的孩子，你不断擦掉自己抄写的字，因为你想做得更好。"他开怀地冲我一笑："对，我就是想写好。"然后我鼓励他说："人生难免出错，但一定要及时改正；不过，我们不要总是犯同样的错误。"他点点头，很开心的样子。那一节课，这名学生表现得特别积极，最后环节他自告奋勇去台上背诵，赢得了学生的热烈掌声。很多时候，教师全身心投入在教学的内容上，而忽略了教育的过程，事实上因材施教就体现在过程中；否则，只关心教学，课堂就少了育人的氛围。

因为懂得尊重，教师才学会了机智。懂得尊重孩子，就会懂得想方设法保护孩子的自尊。美好的课堂来自对学生自尊的保护。执教《春夜洛城闻笛》时，学生问："谁家玉笛暗飞声，散入春风满洛城"为何用"散入"？一男生回答：用了无中生有的修辞。这样的回答不仅让学生笑了，我也忍不住笑了。再看看那孩子，一脸茫然。我知道，他是认真的。我镇定地说："大家别笑，确实是'无中生有'。"教室里顿时安静下来。我继续说："作者运用了通感，将无形的听化为有形的看。不过，我们要说得专业一点，'无中生有'不是修辞。"那位男生点点头，开心地望着我。课后，有老师跟我交流，说"无中生有"那个环节印象特别深刻，老师的引导太机智了，课堂很温馨，有满满的爱。我们常常遇见这样的情况：学生回答错了，其他同学就会哈哈大笑。如果老师不懂得保护回答问题的学生，久而久之学生就不愿再回答问题了。只有懂得保护，才能营造出课堂温暖的氛围。课堂的氛围不是刻意营造出来的，而是尊重背后的自然呈现。

因为懂得尊重，才学会机智；因为机智，才有温暖。执教《念奴娇·赤壁怀古》，我让一男生上台朗诵，他推辞道：

我感冒了，说不出话来。而我看见讲台上刚好有一个麦克风，便顺手递给他说："不要紧，有它呢！"他被逗乐了，大胆地走上了讲台。我们常说，不要强迫学生去做自己不敢去做的事，因为要尊重他们的内心。但教育需要引导学生去做一些他不敢去做的事，这需要教师机智处理。好的教育是对学生的状态做出及时、机智的回应。因为及时，所以需要机智；因为机智，所以课堂才有了幽默。课堂多一点会心的笑，那是多么美好的氛围。

因为懂得尊重，教师才能做到平等对话。课堂上教师的语言是自然的，像聊天一样，或侧身倾听，或坚定注视，或微笑提醒，有时激情洋溢如大江奔涌，有时柔情似水如春风化雨，课堂呈现出激情与微笑同在、循循善诱、聊天式的审美氛围。

《教育的情调》一书的作者马克斯·范梅南说："作为教育者，无论我们的举动多么充满善意，我们的言语和行动所表达的情境仍然可能与孩子体验到的那种情境根本对不上号。"教育不仅仅是爱的事业，更是懂得如何爱的事业。隐藏在课堂美好氛围背后的正是一种懂得如何尊重学生、保护学生自尊的言语与行动。

❙ 种下"真、善、美、思"的种子 ❙

课堂上要种下"真"的种子。

2024 年 3 月 15 日，广州市南沙区基础教育课程教学改革深化行动启动仪式暨"五多课堂"研讨活动上，我执教《竹石》，课后一位老师跟我说："第一次看到这么真实的课堂，没有提前见学生，更没有告知所学内容，我们以前请专家上课都要彩排好的。"说着说着她的眼角突然湿润了。公开课一直被大家诟病，原因种种，其中之假，尤为突出。陶行知先生说，"千教万教教人求真，千学万学学做真人"。没有了真，何来教育啊！所以，公开课，我一定要让大家看到真课堂，老师真教，学生真学。执教此课，我带着基础不好的一群学生在舞台上上课，把公开课上成了家常课，学生在课堂上有看得见的进步。

执教《在情景中细描人物》，学生阅读我的下水作文《故乡》，有学生泪水盈满眼眶，说祖母对孙子的爱太感人，我接着说："时过境迁，当我读到这篇文章时，想起曾经的故事，心中有万般痛楚，我只想跟同学们说的是：这篇文章为什么能打动别人？是因为我写的是真人，记的是真事，抒的是真情。"课堂上，我们为学生设置真实的情境，叫孩子说真话，做真人，抒真情，让学生真真切切感受课堂带来的快乐与进步，让学生真真实实体会到教师对他们的大爱与至真。

课堂上，要种下"善"的种子。

执教《天上的街市》，我要一位同学评价另一位同学的朗读，他评价道："他刚刚有一个字读错了，'定然是不甚宽广'的'甚'，他读成了'堪'。"那位男生面有难色。我高兴地点评道："真认真！他非常清楚地听出了你的错误，说明他很尊重你。我们在听别人朗读时要放下手中的事情，认真看着，这是一种尊重，也是一种美德。"让尊重成为一种习惯，善莫大焉。学生读错了，可以重来，但如果没有尊重的意识，很有可能他的心灵会受到伤害。

执教《请你支持我》，学生们在点评自己和他人发言时，要么对自己过于谦虚，要么对他人过于表扬，不敢客观评价。突然有一女生气愤地说："我感觉大家都喜欢这样客套，其实觉得自己做得很好，又不好意思说；但如果说好，又怕别人说自己自夸，所以只说'一般般'。"她的话不可谓不尖锐，课堂氛围不由得紧张起来。此时，我笑着望着大家，说："能不能把自己最真实的想法说出来，而不像成人那样客套呢？"这样既给了评价者以台阶，也给了自评者以鼓励。此时，另一位女生说道："我们可以不像成人那样有顾虑，很直接地说出我们内心的想法，但是我们要考虑到对方的顾虑，还要尊重对方，也要想到对方的想法。"当听到"尊重"一词时，我非常欣喜，因为第一位女生的评价有点咄咄逼人，没有考虑到对方的感受，所以，我相机而动，笑着说："如果他人有地方做得不够好，你可以建议这个地方改变一下，也许会更好。这不是客套，而是对对方的尊重。"第一位女生有点急了，忙解释："老师，其实这也不是说什么客套话，说话当然是要说真话，有不足的要说出来，再用委婉的语气说你可以做得更好就可以了。我觉得这样就是委婉地说真话，也是说真话。"女生的话赢得了全场的掌声。课后，我想：但凡善良之人，一定会考虑对方立场的，作为教师，懂得如何保护学生的自尊，那是多么的重要。

课堂上，我们要种下"美"的种子。

课堂之美，美在自信。

《竹石》公开课上，一位男生与一位女生一起主持，而男孩没有说出半个字，只是微笑着站立在那，静静地望着台下的老师们。而我却号召同学们为他鼓掌喝彩。这是第二次给他上课，第一次上课时，他应邀到台上胆怯地说："我很害怕，我的腿都在抖。"而这一次，面对近 600 名老师听课，他勇敢地站在舞台上，且十分自信，虽然紧张得没有说出半句话。这份进步，对他而言是重大的。课堂上要关注到孩子的进步，哪怕是一点点。所谓"润心"即让心灵得以滋养。当我要求所有学生为这位男孩鼓掌时，他高兴地抿着嘴，眼角神采飞扬。课堂上，多让学生到讲台上展示，让他们从不敢到敢，从不会到会，从不美到美。每一次展示，都会增加一份自信。教育，在于让孩子去展示，让自信的种子在他们心中发芽，长成一棵棵参天大树。没有老师的爱，何来学生的自信？

课堂之美，美在礼让。

教育不是教学生一味去竞争，而是教学生学会合作。在合作中取长补短，在取长补短中培养礼让的品质。课堂上有一部分学生因为基础好，经常举手回答问题，并因此而沾沾自喜，甚或产生一种优越感，而另一部分学生，习惯了沉默，做了陪读生。执教《高考作文审题的三个维度》，一位男生滔滔不绝地说了几分钟后，突然说："我只能说这么多，其他同学应该有自己的想法。"听到这样的话语，我的内心是无比激动的，于是我高兴地说："请坐。这是一种礼让。我不一定说得特别好，肯定有比我说得好的人，这是一种美德。"如果课堂上老师们都有意识地培养学生礼让的精神，我们的教育何愁没有美好呢？《火烧云》示范课上，学生纷纷举手要回答问题，有一男生尤其积极，把手举得高高的，还叫嚷着，我旁边有一位女生羞涩地举起了小手，我微笑着对那位男孩说："女生优先，我们让这位女生先来回答，好吗？"我看见那位女孩嘴角上扬，眼里洋溢着光。老师时刻有育人意识，课堂上有礼让的美德，是一道美丽的风景。

课堂之美，美在倾听。

一日，我去幼儿园听课，一男孩大呼大叫地打断了另一女孩的发言，只见老师不慌不忙地微笑着说："孩子，当别人在发言的时候，我们不能打断别人，这是不礼貌的行为！好吗？"男孩似乎听懂了老师的话，于是立马安静了下来，认真地倾听着。执教《鸟的天堂》，我让一学生朗读课文，其他学生仔细看着课文，静心聆听，之后，学生点评朗读者的优点与不足，有的说声音可以再洪亮点，有的说感情非常到位，不过漏掉了一个字……这样的过程，师生都很享受，而这一切都是倾听带来的。课堂上，学会倾听，是一种美德的培养。

课堂上，我们要种下"思"的种子。

苏霍姆林斯基说，课堂上要做两件事：第一，要教给学生一定范围内的知识；第二，要使学生变得越来越聪明。好的课堂，是积极思考的王国。

执教《植树的牧羊人》，文章第 1 自然段写道："想真正了解一个人，要长期观察他所做的事。如果他慷慨无私，不图回报，还给这世界留下了许多，那就可以肯定地说，这是一个难得的好人。"我问学生难得的好人需要几个条件，学生们纷纷说三个：慷慨无私，不图回报，给世界留下许多。不难看出，学生的思维严谨度不够。因为有一个关键词"长期"，他们居然没有发现，难得的好人在于"长期"做好人啊。课堂上，教学生咬文嚼字，训练他们严密的思维力，任重道远。语文教育需要培养学生的想象力，而想象力的培养不是空洞的说教，只能在具体的教学里加以实现。《未选择的路》示范课上，我说："作者久久伫立，是一种怎样的形象？"有的学生说，是孤独的；有的说，是犹豫的；有的说，是谨慎的……学生在发挥自己的想象，丰富了诗歌的内涵。种下思考的种子，也需要让学生们有质疑精神。《木兰诗》公开课上，一女生问："花木兰是不是真实存在的？"学生展开了讨论，有男生说，花木兰是文学形象，是否真实已经不重要。我非常赞同这位男生的观点，我鼓励道："有这样的思考未尝不可。有人说创造来自错误，我们可以想象，可以推断。同学们，在学习的过程中大胆假设，小心求证，不过还是需要博览群书。我希望这位女生多多积累，好好读书。"

　　课堂，是教书育人最好的地方。若跳出学科教学来观课，你会得出不一样的思考。否则，你只会在无关痛痒的地方，大费周章。

把一节课评得生动

有人说，我不会做菜，但我会品菜；我不会上课，但我不一定不会评课。这样的类比，不一定正确。因为，评课也是一门技术活。

我是在学着评课的过程中成长起来的。毫不夸张地说，评课是我进步的重要原因。记得 2016 年，我给教育部前新闻发言人王旭明先生评课后，天津语文教研员龙祖盛先生称赞道：春来兄，你的即兴评课，很有特色，在全国也找不出几个人。当然，我有自知之明，我的水平谈不上多高。他，只是鼓励我而已。不过，我的评课，最大的特点在于不太枯燥。

有些高深的评课，理论性很强，但听起来费劲。评课跟写学术论文不是一回事。评课，重在让老师们听，并且让他们听进去。我一直在琢磨一件事：如何让自己的评课生动起来？

做教研员的经历告诉我：第一，要有扎实的学科专业思维；第二，要有跨学段和学科的跨界思维；第三，要有一定的归纳概括能力；第四，要有一流的口头表达能力。

而我朝着这个方向不断努力，于是积累了一些经验，让自己的评课与他人有所不同，形成了自己的特色。

我先以 2015 年湖南省小语青年教师素养大赛的即兴评课为例，谈谈自己的一些不成熟的想法。

┃ 给评课暖暖场 ┃

比赛课的评课，是有讲究的。

开头可否幽默暖场，缓解一下气氛呢？幽默的暖场，才能让老师们愿意听下去。幽默的方式有多种，你可以选择你擅长的。我的幽默算不算幽默，我不敢肯定，但那天的评课，老师们的笑声、掌声不断。语言艺术无止境。这是每一位老师必修的功课。

我是这样开场的：

我们都是语文人，都是在语文教育战线上摸爬滚打很多年的老师，平心而论，所有的学科之中，最难教的是语文，想把一堂语文课上好，按照李白的话说——难于上青天，所以我想说，语文老师是最伟大的老师。（掌声）俗话说，数学教学清清楚楚一条线，语文教学模模糊糊一大片。（掌声、笑声）正因为如此，当我们拿到一篇文章的时候，脑中一片空白，因为不知道如何科学地、有效地确定这一堂课的教学内容。

我们主张上课的时候，老师要真讲，学生要真学，评课的时候，老师要真评。昨天帅晓梅老师在点评才艺的时候说，老师们的表现，她用这么几个关键词来表述——"养眼、养耳、养心"。我看了帅晓梅老师的点评，我觉得她的点评也"养眼、养耳、养心"；"养眼"，她人漂亮；她的点评"入耳"，她普通话好，我却不行，不入耳；她的点评"入心"，句句动听。而大家一看到我，傻眼；一听我点评，刺耳，说的话不好听啊；结果就是，伤了大家的心。所以，我的点评是：傻眼、刺耳、伤心。（笑声）

老师们是想听好话，还是真话？（老师答：真话！）你们想听真话是吗？（老师答：是的！）如果真评，我觉得应该说真话，但是，我真的很怕。（掌声）我看到教研员们都去开会了，所以，我的底气足了一点点。（笑声）

因为是比赛课，一定要安慰安慰比赛失利的选手，他们心里那会儿一定不太好受；当然也要肯定成功者，毕竟人家是赢得了比赛，不过适当提点建议也是非常有必要的。关键看话如何说。我是拿自己开涮的，不怕揭自己的老底。所以，评课时一定要有同理心。于是我这样接着往下说：

对于比赛，我觉得有两个重要。记得我 33 岁的时候代表湖南省参加过一次全国中学教师教学基本功现场赛课，我获得全国二等奖，所以我特别同情这次获得二等奖的选手们（笑声），我对你们的心情、处境极其熟悉，因为咱们同是天涯沦落人。但是，我觉得，名次没有比赛重要；换句话说，比赛比名次更重要；更准确地说，反思比名次更重要。

我记得，那一次比赛完去领奖的时候，前面一排是一等奖的，然后我们二等奖的尾随而上。那种心情，你们不知道，大家都望着你，一等奖的谁谁谁，这边来，我们现在通报本次比赛二等奖选手名单，"湖南省永州市第一中学，吴春来老师，请上台领奖"，台下那些永州人失望地看着我，因为我在他们心中还不错的，居然搞了个二等奖，并且课上得很糟糕。不过，我回来之后，写了一万字的反思。（掌声）最后我总结出一条经验：人生需要这么一次大赛，并且需要二等奖。（掌声）

本次获得二等奖的选手们，我想对你们讲，回去之后，从教学内容、教学环节、教学手段各方面去反思，这一次比赛为什么课堂教学没有取得好的名次；获得一等奖的老师们也不要沾沾自喜，这个比赛偶然的原因是很多的（笑声、掌声），你获得一等奖不一定比二等奖选手优秀，当然，获得一等奖的人肯定是优秀的（笑声）。你们也要总结，总结这次获得一等奖的经验是什么，自己的长处是什么；当然，也要反思自己的弱点是什么。只有反思，我们才有飞跃；只有反思，我们才能够达到教学的更高境界；只有反思，我们才能够在语文教学之路上越走越远！

▎ 给评课定主题 ▎

刚才所讲，是为了给评课暖场。此时需言归正传，要根据比赛主题选定评课主题，因为是素养大赛，所以要根据素养来谈谈自己的想法。当然也要提出自己的意见与方法。刚才讲了一个重要：反思比名次更重要。于是接下来说另一个重要。

第二个重要是，内功比外功更重要。这次比赛分为五项，粉笔书写、朗读、课堂教学展示、知识素养答题、才艺表演。如果要我说真话的话，才艺表演比课堂教学精彩很多。（掌声）一个语文老师歌唱得好，舞跳得好，是本事，但是课堂上，不需要我们去唱歌，不需要我们去跳舞，需要我们去教学生学语文（掌声）；粉笔字写得好固然非常重要，朗读好当然也是很重要的，普通话标准当然不可缺少，但是更重要的是内功的修炼，内功的修炼比这些外功的漂亮重要。当然，内功、外功一起修炼才算完美，不过这样太难了。我看了老师们的粉笔书写之后，我感觉我不是教语文的，因为我的字写得太难看了。在这些老师面前，我异常自卑。听了老师们的普通话之后，我觉得我不应该说话了（笑声），他们不是一级乙等就是一级甲等，不是国家级普通话测试员就是省级普通测试员。但我在想，我要修炼内功：一个是文本解读的能力；一个是教学设计的能力；一个是课程资源开发的能力；一个是课堂教学艺术。看一个教师内功深不深厚，不妨看看这些方面。一堂课能不能上好，有一个最基本、最核心的地方，那就是文本解读，一篇文章，你自己也读不懂，你怎么能让学生读懂？

那么，如何来练就自己的教学内功呢？修炼教学内功的不二法门就是做好三件事：

第一，读书。人民大学哲学系教授陈先达先生说"大红大紫非我有，满床满架复何求。人生百样各有得，一世读书抵封侯"，他主张的是一辈子读书。我们都知道小学语文教师王崧舟，他家里藏书万卷，正因为藏书万卷，才成就了当今的王崧舟。北京的窦桂梅，她就说过，女人最好的化妆品，就是读书。而我们要想练就内功，就必须得读书，如果不读书，你是没有多少底气站在讲台上的。

第二，思考。我们做语文教师，必须得"思"，思考我们的教学，思考我们的教育理念，思考我们周围的教育现象，有思考才有思想的深度、高度、宽度、厚度，所以语文教师要做一个会思考的人，经常思考的人。

第三，写作。一个语文教师，如果你自己不会写文章，你能教学生写文章吗？如果一个语文教师没有最基本的文学修养，你能读懂文章吗？你能摸索出文章的门道吗？如果一个语文教师，不懂得文学，你能够感受到文学作品当中可歌可泣的人物形象，或者是惊天动地的英雄气概，或者是小桥流水的诗情画意吗？是很难的！（掌声）

所以，咱们坚持做好三件事情，一年、两年、五年、十年、一辈子，坚持下来，读书吧！写作吧！思考吧！我想，我们的教学内功会与日俱增，我们在语文教学道路上，会走得远，会走得快乐，会走得步履铿锵，会走得诗意盎然！（掌声）

刚才所说是对活动整体上的看法，但没有对课堂进行点评。老师们需要听的是评课。所以，此时要对选手们发表意见。按照基本的原则，先说优点。

接下来我所讲的是，这次比赛让我收获很大的地方，有这么四点。

第一，课堂真实、自然、本色。绝对是真人、真教、真功夫，临时抽签，短短的时间备课，然后在台上上课，是不容易的，没在台上上过课的老师不知道在台上上课的感觉，你看我现在在台上讲话，我都汗如雨滴，汗流浃背，激动啊！正因为这样，课不好上，难上，但是老师们很本色地表达出他们对语文的认识，在课堂当中，我们看到了教师的教学智慧，所以我想对每一位参赛的选手，以及参赛选手背后默默帮助选手的团队们说一声，你们辛苦了！

第二，识字写字教学扎实有效。我们都知道，当下的识字教学主要有三大体系，一是随文识字，二是集中识字，三是注音识字。在这16堂课之中，老师们各有特色，百花齐放，平分秋色，让我们大开眼界；老师们那么漂亮的粉笔字，令人叹为观止。所以，写字教学这么进行下去的话，学生们能够写一手好字。一次，于永正先生在演讲中问："家长最需要自己的孩子到怎样的一所学校、怎样的一个班级之中学习？"若我是家长，我希望送到这样的学校：老师一笔一画教学生写字的学校。按照课程标准的要求，我们要教学生识字、认字、写字，所以，这16堂课，这16位老师，从这一点上讲，迈出了成功的一步。

第三，培养学生说话有章法。学生跟谁说话，学生如何说话，这是我们语文教学要思考的话题。学生更多的时间在课堂当中，那么老师在课堂当中如何教学生说话？根据文章内容来说话，这16堂课在此方面，做足了文章。

第四个，课堂呈现出一种安静的课堂的美感。以前听课特别的热闹，每一次热闹，都要搞一点儿掌声，掌声主要分两种：

（演示）这是第一种；还有一种掌声，很有节奏，（演示）就是这个节奏。一天我去听课，一节课40分钟，起码有30次掌声，我觉得好奇怪，你是在搞街头卖艺吧！但我们今天的课堂很好，老师让学生安安静静地读书，语文课就应该阅读，让学生自由地、自主地阅读。老师就应该创造这样的环境，让学生安静地阅读，安静地思考，而不是随意地让他们热闹——"请同学们站起来讨论一下""来，同学们，掌声鼓励，掌声"，这有什么意义？还有，这一次上课，老师们没有表演，以前听课的时候，讲到动情处，就会放一首很悲伤的音乐，于是老师便用一种很抒情的语调开始抒情。有一次听课，评课的时候我就说，语文课到底是用文字让人感动还是用音乐让人感动？如果想要让人更感动的话，不妨放一放哀乐。

┃ 评课意见商量着提 ┃

评课总不能一味地说好话，课堂存在的问题，也一并指出。由于自己水平有限，没有那么大底气十分肯定地说别人的不是，只能用探讨的方式，含蓄地表达自己看到的课堂问题，希望与老师们一起思考。评课不是为了证明，而是为了改进。不过，自己的观点一定要用课例来支撑，下面的评课内容由于时间关系，当然也由于水平问题，不能拓展开来，导致观点多，例证少，说服力就逊色了。我的经验告诉我：观点一定要高度概括，课比完了，大家归心似箭，谁都不喜欢啰里吧嗦的评课。

因为时间关系，我就将我要讲的东西，十分钟概括一遍。十分钟，可以吗？说一说，我认为的好课的标准。听了这些课之后，大家会有疑问：到底哪节课最好？为什么别人认为好的课，我认为不好呢？老师们有这样的感受吗？是的，不仅你们有，评委老师们也有。

我认为，好的语文课——个人观点而已——第一，它是语文课。语文课如果不是语文课，那就肯定不是好课；如果你把语文课上成了思想品德课，上成历史课，虽然很美，肯定不是好的课。我不拓展讲，我只讲观点。

第二，我认为，好的语文课应该是有效的课。你这30分钟、40分钟，应该让学生扎扎实实有收获，如果一堂课听完了，什么都没学到，肯定不是好课。

第三，是有趣的课。语文课好玩啊，我就喜欢上语文课，特好玩。那为什么听了有些课之后就想睡觉，甚至有不想再学语文的感觉呢？那肯定不是好的语文课！

第四，简约教学。刚才省教研员吴老师也讲了，我们课堂当中为什么要问那么多的问题？其实我们只要问一个主问题就可以了。教学内容简单，教学环节简单，总之一句话，好的课是简约的课。

第五，一个中心两个基本点。一个中心，是以提高学生语文素养为中心，我们达成共识，就是听说读写能力。哪两个基本点呢？一个是以语言文字运用为基本点，一个是以语文活动为基本点，所有的语文教学应该在活动之中展开语言文字的运用。老师们，一堂好的语文课，是应该提高学生听说读写能力的。如何提高学生的能力呢？这一堂课是这样呈现的——在语文活动之中，让学生学习语言文字的运用。

第六，是有生命质感的课。要有生命质感，因为语文有人文性，也有工具性。很多年前提倡"工具"；后来又提倡"人文"，接下来又讲"工具"，弄得我们一线教师不知道到底什么最重要了。所以就有人说谈"性"色变。我认为，人文性和工具性是融合在一起的，就像一个人一样，他的灵魂就是人文，他的肉体就是工具，它们是融合在一起的。我们有语言文字这个工具，语文才呈现出生命的质感。语文可以是清风明月的诗意人生，可以是山清水秀的田园风光，可以是剑客跃马的痴狂，可以是悲天悯人的情怀，可以是精神的图腾，可以是生命的歌唱！（掌声）好的语文课应该是有思维的高度的。一堂课，如果学生的思维无法被激活，如果学生的情感无法被点燃，这样的课肯定不是好课。好的课是有境界的，这境界只可意会不可言传，我一直在探索，期待着什么时候我的课能够有一种境界，目前，真的，远远不够！

最后，讲三组关系。

一是语文教学的归纳思维与演绎思维，这点尤其重要。这16堂课，有很多课用的是演绎思维，这么提问："同学们，默读课文，文章当中刻画了一个怎样的人物形象？"你这么一问，学生脑子里一片空白，有答"美丽的"，有答"大方的"……这样的教学叫"数黄豆教学"，我把黄豆扔地上，来，同学们，数！一颗，两颗，三颗……教学应该是归纳的，让学生去读，然后让他自然而然地看到人物形象是这样的。《王熙凤初见林黛玉》采用的就是归纳教学法，通过语言品读，给我们在座的每一位老师都留下了深刻的印象。

二是体验与分析。体验比分析更重要。

三是预设与生成。我们生怕课堂出乱子，其实，语文课，应该让学生多出乱子，才见老师的内功。如果始终按照你的教学方向走，那不是教学，好的教学应该是依托学情的。有的老师把这叫作引导，我认为这叫引诱。先来挖一个坑，孩子们，来，过来一点儿；来，嘭咚，掉进去一个。老师认为成功了，因为他得出了别人需要的答案。接下来又挖一个坑，孩子们，来，快一点儿，勇敢一点儿；来，嘭咚，掉进去一个。老师很开心，成功了，因为又得出了他的答案。继续，来，勇敢一点儿，掌声；来，嘭咚……最后的结果是，从小学学语文学到高中，语文能力不行，为什么？你不是引导，你是诱惑：没有思考，没有灵性。这样的语文教学，是失败的！

| 评课结尾来点高潮 |

评课结尾很重要，感谢自然少不了，但如何感谢呢？有时靠临场发挥，最好看看周遭的环境，也许灵感就来了。不知我这样的结尾是否妥当，从现场看，笑声与掌声有点热烈。

老师们，因为时间关系，也因为身体原因——我已经大汗淋漓，这里太热了——最后，我想抒一段情！给我一分钟思考抒情的时间！（笑声）

这个五月，雨，是否多了一点？但是，我们冒着雨，来到中南讲堂，他们的校长，他们的老师们，给我们的是笑语欢颜，他们让我们看到的是任劳任怨，所以，掌声送给我们的校长和老师们！谢谢你们！（掌声）

正因为你们，才让我们相聚到一起！正因为你们，才让我们有了这样交流、分享、碰撞的机会！谢谢你们！正因为有了中南大学第一附属小学校长、老师们的悉心关怀，才让我在湖南省第三届小学语文教师素养大赛上有了一次出汗的机会！（笑声、掌声）

最后，祝在座的每一位老师快乐！谢谢！（掌声）

这是我首次亮相湖南省小语界评课，好评如潮。但细细琢磨，这样的评课形式显然大于内容，火候欠佳。不过非常感谢他们的鼓励，让我在误判中有了自信。自信不是自负，自信让自己可以抬起头来走路，有一股内劲帮你前行。

现在想来：好的评课，应该有明确的评课主题，清晰的论证结构，精辟的评课观点，精简的语言表达。

评课，是最能催人进步的。三年后，我在云南听课后即兴评课，《中学语文教学参考》主编张万利先生读到评课实录后，非常欣赏，并约稿要求刊发。即兴评课，全文如下：

作为才工作一两年的青年教师，你们的课能达到这样一个层次，我想是与学校主张的驾驭式自主高效课堂分不开的。我想通过我的感受，谈一谈对咱们学校课堂的一些认识，我分几个角度讲。

今天听了文言文教学的两堂课，首先我提出第一个思考：语感根植。

白话文跟文言文是有区别的，文言文教学一定要注意语感根植。注意，不是培养，而是根植。那么怎样在课堂上去根植文言文的语感？最重要的方法就是朗读。我们教材的主编温儒敏先生说："文言文教学怎么个教法？千教万教就是读，朗读！"两堂文言文的课，朗读不够。

今天《寡人之于国也》这篇文章，老师是想着让学生去读，但是因为年轻没有经验，只是教了朗读，却没有教给学生朗读的方法。我在听课的时候，写了这么一句话：朗读教学是一种实践教学。让学生大胆去读，胜过千万句教。比方说，我们的第一篇文章，是骈文，那么我们是不是让学生更好地去知道骈文是怎么样的？"夫天地者，万物之逆旅也；光阴者，百代之过客也。而浮生若梦，为欢几何？"后一句是一个疑问句，我们要教学生读出疑问的语气。让学生自己去试读，老师也可以范读，让学生通过你的读，通过自己的读，寻找到最佳的读。通过读的方式让学生去感受，是最好的教学方法。

学古汉语用什么方法？王力先生说，无非就是积累。积累什么？积累实词、积累虚词、积累句式。其实情感就在我们的读当中。你看古人教文章，他反复地读，自然而然就达到了教学效果。在读中积累语感，读多了，背下来，就是积累。读懂了才能记得深，记得住。这就是文言文教学的语感根植的好处。

第二个思考：让教学真实发生。

我觉得第一堂文言文教学发生得不够真实。比方说：有个教学目标是背诵。课上你要学生读了一分钟还不到，学生就能背下来了，我想问，学生背下来是这堂课背下来的，还是课前背下来的？如果是课前背下来的，你的学习目标不是有问题吗？难道是你忽略学情？显然不是。所以你的课堂教学不是真实发生的。我们看很多公开课，更多的是一种表演式的，学生只是上去按照既定的剧本，配合老师演出。这不是真的教学。真正的教学是什么？就是在课堂当中有真实的进步。从不知到知之，从不会背到能背之，这才叫真实发生。好的教学应该是在课堂内真实发生的。

第三个思考：注意课堂的及时纠错。

比方说有个学生写了——照映题目，有个错别字，老师发现没？也许老师没注意。这告诉我们，在课堂当中老师一定要注意观察学生，要及时地纠错。你们校长提出要学而时习之，习而评纠之。有纠错，这才是真实。课堂当中要允许学生犯错，错得越多，纠得越多，进步越大。如果课堂上没有学生有问题，我觉得这是很恐怖的教学。它不真实。是吧？

我先讲这么几个思考，接下来我提出几个观点。评课的标题就叫"修炼教学气质，提升课堂品质"。

第一，教学气质。

你们是年轻教师，我觉得步入校园之后，就应该培养自己的教学气质。一个人是有气质的，那么在课堂当中，教学也应该是有气质的。从两个角度讲：一是教师在课堂当中体现出来的气质；二是学生在学当中体现出来的气质。教师教的气质，从外部来讲，那就是教师的语言、教师的教态。教师语言该是怎样的？

跟平时说话一样吗？跟工人的语言一样吗？跟普通老百姓的语言一样吗？跟主持人、播音员的语言一样吗？应该是不一样的，有差别的。我们要思考这个问题。你们现在年轻，气质还没成形，所以更要注意养成一种很好的教学气质。比方说：有些人课堂上就特别急，咄咄逼人，这是不好的气质。在课堂当中，男教师应该是儒雅的，热情的，幽默的；女教师在课堂当中应该是淑女的，优雅的。还有就是学生学的气质，比如学生回答问题的语言，课堂中展现的学习态度等。我们要在培养自己教的气质的同时，也注意培养学生学的气质。好的教学应该是老师和学生共同成长。为什么有些老师直到退休了，还没有一种很好的教学气质呢？因为他没有注意。所以我们作为年轻教师，一定要注意这个方面。

第二，教学品质。

教学品质的核心是什么？是思维。今天听你们的课之后，我觉得好的教学品质应该是这样的：情、理、趣兼备。情、理、趣兼具乃为上品。语文课，它不是数学课，如果你仅仅是有思维那还不够，还要有情，有趣。但是，我们把思维还是放在最核心的。比方说《寡人之于国也》，这堂课我估计老师上得很难受，任何人来上都会难受，因为不好上。孟子的文章，两个字——雄辩，就是说得特别严谨。文章严谨，体现的就是思维严谨，这个地方你就忽略了。我们教语文的时候一定要注意文本的核心思维是什么。你要想你的课有品质，你必须思考。这是一篇议论文，必须搞清楚这个文本的核心思维是什么，也就是孟子想干什么，你必须告诉学生。孟子想让梁惠王实行仁政，这是孟子最根本的目的。从表面上看是什么目的？不要罪岁。我们抓住孟子希望梁惠王不要罪岁作为切入点，接下来就是孟子要怎么做到让梁惠王不要罪岁，这就是思维。要做什么？怎么做才能做到？这样你就带学生进入文本了，如此，学生才有思，学生有思，课堂才有品质。

如果你自己就停留在文章的浅层次理解，没有去挖掘文章的品质，学生自然也流于表面，所以五十步笑百步。那你讲了半天和老百姓讲半天有何区别？我们要学会请君入瓮。请君入瓮，首先得有瓮，你没有思维，或者这思维没有让学生进入文本，那么是入不了瓮的。那么，怎么让学生深入课文？我们就要让学生站在孟子的角度去思考问题。孟子什么角度？就是梁惠王能听我的劝诫。怎么让梁惠王听劝谏呢？于是就有了这篇文章。这就是语文教学艺术。

第三，教学训练。

关于复习课，我曾经说过一句比较偏激的话——没有训练就没有高三复习教学。今天听的第一堂课，我觉得就有所体现。教学训练，必须有四个方面的条件：

1.训练的文本。作为高三的课，今天做得特别好。三个方向：第一，回归教材；第二，真题链接；第三，经典习题。你看，要想将训练进行下去，你必须有训练的文本。不管是一轮复习，二轮复习，都离不开教材，特别是文言文。很多时候老师文言文翻译不行，用什么方法？很多老师教增啊、删啊、替啊、换啊，有用吗？似乎没用，为什么？因为没有积累。没有积累，你怎么增、删、替、换都没用。所以必须重视训练的文本。

2. 选对题目。最好的训练题目是什么？就是高考真题。没有任何的练习题，赶得上真题。但真题是有限的，把这个做完之后，你要精选经典的习题。

3. 训练形式。有两种，一个是老师带着学生训练，一个是咱们学校主张的学生自主训练。老师带着学生训练就是动，学生自主训练就是静，课堂动静结合，就有一种美。咱们的课堂，特别是今天第一堂课，就有这样一种美，我很是欣赏。

动静结合，学生为主。真正地做到学生为主，那就要让学生自主训练，而不是老师做，因为高考是学生高考，所以题得学生做，训练得学生完成。但是训练形式必须老师确定，训练程度老师必须清楚，训练时间必须充足。概括一下，就是七个字：训练，训练，再训练。开展学生自主训练，训练完后，学生总结，你们再总结，然后再训练，再总结。必须达到训练目标，实现由量变到质变。这是哲学的观点。在课堂上应该有充分的训练。静态训练，我们要保证训练时间；动态训练，要反复进行，训练再训练。

4. 训练检测。咱们教室里面是很特殊的三块黑板，前、后、右都有。干什么的？我就猜想，胡校长就是让学生来检测的。怎么检测？就是展示。要想检测，最直接的方式就是让学生来展示。展示，学生就能看得见，看得见才能想得开。当展示的学生展示时，应该让别的学生看见。看见，最重要的还是思之。有道是"学而不思则罔"。今天第一堂课展示得还不够，因为只有一个学生展示，不具代表性。这时候要展示两到三位，并且要选具有代表性的学生展示，让大家来看。

第四，教学引导。

听了这么多课，教学训练这一块，我觉得只要你落实到位是没有多少问题的。难就难在教学引导，我认为一个教师的功夫唯"引导"二字而已。那么这个具不具有可学性？我认为是可以学的。我在听课的时候总结了四个步骤：

1. 问题激活。好的教学都是由学生的问题开始的。教学的逻辑是什么？我觉得教学的逻辑就是学生的问题。所以，我们一定要善于发现学生的问题。学生的问题有个性的，也有共性的。先解决哪一类？先要解决共性问题，然后解决个性问题。

2. 学生发现。你比方说今天的第一篇文章是骈文，老师做得很好，他问学生：有什么特征？对称的！所以老师及时说："这什么？是骈文。"这就是引导。还记得这个场景吗？第一堂课，我为什么说引导不够？是因为解决的是表面问题，很多老师都停留在这个层面。《阿Q正传》里面有这么一个场景描写，说阿Q要上刑场的时候，看见吴妈了，很有精神地大喊：20年之后……如果我是命题人，我就出个题：请问阿Q这一句话中省略号什么意思？有没有深层含义？这时候如果你是老师应该怎么引导学生更深层地去发现？你讲了六法，中心词修辞与位置什么的，在这里有用吗？派不上用场。那怎么引导学生去发现？发现说话人的意图。是谁说的？对谁说的？在什么情况下说的？这话阿Q说的是吧？阿Q在什么情况下说的？赴刑场说的。对谁说的？对吴妈说的。他为什么没说完？因为吴妈没看他。说了等于白说。这样学生就明白了深层含义。所以省略号说明什么？说明阿Q想在吴妈面前表现出非常男人的气质。当吴妈没看见他的时候，他表现出非常失落的心情，这才是深层含义吧。所以他不说了，说了等于白说就不说了。谁说的？在什么情况下说的？对谁说的？这就是我们要引导学生去发现的，这就是语文的方法。语文的方法就是语言文字运用的方法。

我们很多老师都没发现、都不明白这个道理。为什么现代文阅读，考关键词、关键句的时候得分不高？因为你教了学生深层含义，却没告诉他怎样才能发现深层含义！所以要让学生去发现。

3. 形成思考。如果说这堂课好，我认为因为你激活了学生思维，让学生有了思考。你的引导好不好，就是看他能不能形成思考。

4. 学生归纳。形成思考之后，很多老师容易犯毛病，越俎代庖。应该让学生去总结方法，去概括，去梳理，这才是引导。

在引导上面，我觉得应该有这么四个步骤。

这四个步骤应该是可以学的。但语文的方法，是需要我们去修炼的。一个人语文的功底，不是通过追求技巧就能够练成的，它是需要长年累月读书、写作、思考、修炼得来的。你不要以为看了一节课，或者学了一节课，好像就能够大幅地提升自己的业务的水平，这是不够的。你只追求了技，没有追求道。语文教学应该是有道的，那就是读书、写作、思考。一个读书的语文老师才会让学生去读书，才会教学生懂得如何去读书；一个热爱写作会写作的老师才能够让学生热爱写作，才能够教学生写作；一个爱思考、善于思考的老师，才能够教学生如何去思考。

很多语文课为什么没有教学该有的品质？这跟老师有关系。

因为老师是一个不善于思考的人。我们的语文课为什么不能达到情、理、趣兼备？因为语文老师自身没有情趣。有教学气质的老师，他应该是一个有情有义有趣的人。"课如其人"，讲的其实就是教学气质。

要想教学有品质，首先要有气质的提升，更需要人格的修炼。其实教学的最高境界就是人的境界，是德的境界。老师德才兼备，课就有了品质。有了情，有了趣，还要有良好的品德。否则，你的课就达不到应有的品质。所以语文教学，我认为就是人生不断修炼的过程，修炼自己的教学艺术，修炼自己的德行，提高自己书底的厚度。

只要大家不断地去努力，十年磨一剑，在座的老师，我觉得不仅是咱们这么一个县城的名师，应该能够成为云南省的名师，乃至全国的名师。我也期待着咱们镇雄中学能成为全国师生眼中的名校。谢谢大家！

不少老师读到这样的评课，感叹道：俨然一篇教学论文啊。也有老师问我，我的评课是不是事先写好稿子的？其实，我的评课都是即兴说出来的。这个能力，得益于大学期间口才的训练，也在于听课时的仔细观察，当然少不了高度的归纳概括能力和独到的发现。更有意思的是：这里面的诸多观点都是后来我提炼的"五多课堂"教学思想的重要内容。专业的发展就如芝麻开花，一定会节节高的。

亲爱的读者朋友，你也许好奇：我该如何培养这样的能力呢？这就涉及下一个话题了——把一些话说得深刻。

把一些话说得深刻

平时听课时，老师们喜欢把听课记录记得密密麻麻的，生怕漏掉了任何一个环节。这样去记录，虽然清楚、全面，但来不及思考，捡到芝麻，丢了西瓜。听课最重要的是观察，而不是全面地记录；比记录更重要的，是深刻思考。我听课时会大致记录教师的授课环节，关键处我会留下一段文字，这样的文字往往是对课堂的独到发现。有了这样的发现，我的每一次评课，都是一篇文章。说得简单一点，听课一定要产生有一定思维含量的句子。这样的句子，不是刻意想出来的，而是突然冒出来的。专业成长到一定程度，听课时，你自然就有了不一样的思考。现将部分听课的想法与读者朋友们分享，也许能给大家带来些许启发。

关于片段教学

1. 公开课、竞赛课导入一定要自然。何谓自然？即说正常话，做正常事。

2. 缺乏对片段教学的正确认识，故而把它理解成全篇教学，自然就一个都不愿放过。

3. 片段教学一定要确定教学主题，且主题要小，时间刚够。

4. 片段教学基于学情要有新发现，新提高，而不是热锅炒冷饭。

5. 教学之功乃引导之功，讲台一站便是语文啊！

6. 片段教学应有教学主思维，主思维应是一条线，当抓住不放；课堂适当延伸，才变得丰富，有血有肉。

7. 情感分析，分析什么呢？空洞的教学源于空洞的教学目标设计。

8. 片段教学是教学的浓缩，非功力深厚者难以完成。

9. 教师语言是教学的一张名片，也是教学气质的重要体现，千万不能太猛，否则很吓人。

10. 诵读如何培养想象力呢？多么简单而又复杂的事情啊！

11. 不要轻易说培养学生的想象力，因为"虚"的内容必须通过"实"的训练才能实现。

12. 学习论证，应该是学习作者为何要这样论证。只有明白了为何这样论证，学生才会知道怎样去论证。

13. 选对了点，就选对了思维。

14. 反复听之，渐渐发现：思维训练点是片段教学的核心，思维点就是课堂引爆点。

15. 片段教学重在解决一个难题，20分钟内让学生去解决，且是别人未发现的。

16. 20分钟赏读一首诗与40分钟赏读一首诗有何区别呢？

17. 面面俱到定然难以俱到。

18. 片段教学最忌讳把课堂整成碎片。

19. 高明的教师着眼于方法背后的方法。

20. 复习课堂不仅要注重分数的提升，更要注重生命的成长。

21. 规范答题务必强调、强调、再强调。

22. 当知识枯燥无味时，可否让活动来帮忙？

23. 没有训练就没有高三复习教学，学生必须经历"不知—知之—行之—知行合一"的学习过程。

24. 训练大抵有六个环节：精选高考仿真题—学生训练—学生展示—学生评价—学生总结方法—再训练提升。

25. 最后阶段的复习好比给病人复诊，总需要一些手段的，训练是最好的选择。

26. 教学好不好是可以检测的，一个班让学生自学，同层次的另一个班级让老师教，看课堂效果是否一样。

27. 一个老师光站在讲台上讲，眼睛只看着讲义，这样的姿态绝不是教育的美丽姿态。

28. 临近高考，教师只重在梳理知识，无论是从教学内容上讲，还是从学情上讲，这终归是有问题的。试问以前干什么去了？

29. 把高考研究当成一场有意义的思维游戏，其乐无穷。

30. 没有研究，最好别进课堂，人云亦云的教学实在乏味。

31. 强化集体备课，精选二轮复习资料。集体备课不流于形式，根据专题，依据考点，明确分工，将资料优化到极致。

32. 精心备课，备学生活动，备教学流程。课堂以学生活动为主，时时关注学生，因材施教。

33. 全面推广适合本校的生本课堂，让课堂成为最靓丽的教育风景。每个老师都做教学能手，让每个孩子都成为课堂改革的受益者。

34. 将规范答题落到实处。答题分几点，答题有几个角度，答题用怎样的专业术语，答题用怎样的语言，一一细化，人人规范。

35. 二轮复习核心在于根据学生的问题，针对性教学，解决了学生的问题，就解决了复习难题。

36. 大格局，大教育，着眼于学生身心发展的教育才称得上真教育。

37. 立足课堂，教师放权，学生方可成为学习的主人。

38. 老师的影响力太巨大了，一位不讲普通话的老师，可以让学生在课堂上用一口标准的地方方言对话。反之呢？

39. 学生练习，学生展示，学生点评，学生总结，课堂虽静，但收获满满，这应是高三复习教学课堂的常态。

40. 好的课堂是舍得的课堂，老师舍得给学生以时间：舍得让学生思考，舍得让学生展示，舍得让学生点评，舍得让学生归纳总结。

41. 备课组长是学科组的核心，德才兼备者方可担此大任。当然，有团队意识，这方土壤才有大作为。

42. 学校管理的核心当是课堂，没有高质量的课堂，谈何高质量的教育？故而教师教书育人之使命亦在课堂：在课堂，生命得以实现其职业之价值。

43. 跑操拿本书也许是做做样子罢，但这样的样子也是读书的样子；跑一跑也许不够运动量，但至少跑出了一种集体的力量。偶尔学学这样的方式未尝不可：时时有读书意识，处处见集体精神。

44. 文科教学不要求快节奏、大容量，依据学情，一课一得，反复操练，定有大收效。

45. 课堂上"教师指导"并不陌生，到底指导什么、如何指导呢？明之者鲜有。何故？缺少发现或不善发现。

46. 方法不是老师教出来的，而是学生发现、总结出来的。

47. 复习教学务必精心预设，好的课堂离不开预设，没有预设就难以生成；而好的课堂往往是生成的课堂，若只是预设的表演，这样的课断然好不到哪里去。

48. 高三复习教学一定要教学生知其所以然，而不是仅仅停留在教学生知其然的低浅层面。否则，学生会被老师带入题海的深渊，因为知其然不是解决问题的关键。

49. 没有学情定位的高三复习教学，难免低效甚或无效，因为教学是一种双需要行为，不了解学生的实际需要，再高明的方法、再新颖的内容，对他们来说纯属资源浪费。

50. 不管是平时的阅读教学，还是高三复习，一定要留给学生阅读、思考的时间和空间。

51. 复习教学做到有趣，是大难题，枯燥无味地讲解试题真叫人如坐针毡。其实站在语文的角度研究试题会收到意想不到的效果。

52. 作文主要是考查学生思考与表达的能力，立足于此，就知道如何确定教学内容了。

53. 高三复习课教学内容切口要小，小即是大，少即是多。

54. 做一个遵守常识的高三教师其实很简单，只要能做到讲逻辑、懂方法，即可。不妨试试。

55. 教师不做答案的拥有者，要做方法的引路人；教师不做话语的独霸者，要做智慧的引领人。

56. 好的教学一定是让学生取得好的考试成绩的，从来不会有一位老师的课非常好，但学生就是考不好的现象出现，如果有，只能证明这位老师的课确实不好。但课不好，学生考得好的现象是经常有的，个中三昧，你我自知，不必多言。

⏐ 关于教与学 ⏐

57. 所谓的方法必须是教师让学生实践后的"彻悟"或"痛悟"。

58. 展示最好听得清、看得见。如何看得见？投影展示或者黑板书写展示。

59. 如何构建教学关系？形象的感官冲击——看得见；教师的目光与语言交流——感觉到；让学生有事可做——够得着。

60. 慢的功夫才是教育的功夫。

61. 教与学的脱节，原因在于教与学的不一致，教一定要在学的基础上。

62. 胸中有课标，眼里有学生，手里有方法。

63. 学情定位的缺失必将导致学的空泛。

64. 教学不仅要到位，更要到家。

65. 学生认为好不一定好，因为也许他们还未见到真正的好。

66. 教学若要深入，必须思考问题产生的原因是什么。

67. 教学提升四个环节：呈现—诊断—提炼—提升。

68. 真正的教，一定是在学中进行的。

69. 当学生不可表达时，搭桥使之过来；当学生能达之时，放手让学生自己走。

70. 教学缺乏磁场，问题在于没有学生的问题做支撑，师生之间无正常的交流关系。

71. 教学不要逃避问题，要勇于发现问题、正视问题，善于解决问题。

72. 教学好比开着长途公交车，不要只看着始发站的乘客，也要看看中途上车的乘客，要让别人搭上教学的便车。

73. 学生的问题，外部呈现要看得见，内部分析要想得清。

74. 学生做对远远没有你想象的那么简单。

75. 有一种懂是教师自以为学生懂了，有一种懂是学生假装着我懂了。

76. 文言文教学重在一"读"字，如何读？有节奏、流畅、自然地读，且要不断地反复读；当然更要指出学生的不足，有理解地读。不过，对于短小精悍的文章，尝试当堂背诵，应是课堂有效的检测方式。

77. 联想与想象力在训练中提升，课堂练习是一种不错的选择，教师不可忽视。

78. 当学生遇上阅读障碍时，教师当"阅读搭桥"，使之明突破方向，获得阅读的成功感。

79.教学当有发现，语言形式之发现仅为低层阶段，思维之发现乃其高境界。

80.语文教学可走读、思结合之路，"用"乃其主要载体，比如让学生学会写，尤其是写出自己的句子。

81.教师的语言是课堂教学的催化剂，营造氛围、构建诗意、感染学生，当视之为一辈子修炼的功课。

82.音乐之美妙，不在于自身之美，而在于适时之妙。当学生愤、悱之时，音乐忽然响起，也是一种启发，会有意想不到的收获。

83.俯下身子倾听是课堂的一道美丽风景，教师首先要自己倾听，也要引导学生学会倾听。

84.课始学生举手者众众，课末举手者寥寥，何故？当深思之。

85.课堂的第一要义是尊重，要懂得保护孩子的自尊。

86.凡教新知识，皆可以旧知识铺路。

87.没有展示就没有教学，唯有展示，老师才能客观判断学生的需要，才能更好地施之以教。

88.有时最怕教师范读，因为起不到示范作用。

89.教学的事绝不是想当然的事，它需要亲身去实践，反复去思考，不可能通过一两次培训就能解决的，也不是躲在书房里写几篇貌似高深的文章就能实现的。

90.我以为真正优秀的语文老师一定是一位真性情的老师，说真话，行真事，心底无比淳厚。

91. 好的教学最后都是指向教育的，任何停留在技上的教学，很难称得上好的教学；教育虽是慢的艺术，但课堂上，好的教学一定是促进学生发展的，有知识的提升，有能力的提升，更有思想上的、精神上的提升。

92. 在一定程度上，教即是学，学即是教，教学合一也。

93. 沉迷于功名之人，他们的课堂断然好不到哪里去。因为他们眼里不会有学生的，学生只是他们的工具而已。

94. 我常常觉得纳闷：为何要把学生带到野外围成一个圈圈，或者带到图书馆煞有其事地在众人面前看书呢？读书应该是个体行为，那样的方式是不是在作秀呢？

95. 关于整本书阅读，我的观点是：先鼓励学生读，让学生读自己喜欢的书，然后让他们自己去思考；读多了，读着读着，自然就提高了。如果老师干预太多，总不是什么好事。

96. 课堂是神圣的，来不得半点疏忽大意，否则便是亵渎。

97. 好的课堂，一定是有缺点的；太过完美，难免虚假。

98. 学生压根儿就没进入文本，虽然嘴巴动了动，表示在读书，这样的教学居然很普遍，真不可思议。

99. 好课首先能让学生进入文本，出生入死一番。好课之所以为成为好课，是因为反复不断地涵泳语言，让学生思维悄悄成长。

100. 拓展延伸可以干什么？好处不必多说，但不足之处呢？也是蛮多的，比如画蛇添足，比如狗尾续貂。

101. 教学的走过场仿佛是一次匆忙的旅行，对我来说，仅仅来过而已，具体看过什么不记得了。

102. 表演是一种学习手段，但意义何在呢？

103. 学生是最好的课程资源。

104. 为何动不动就合作探究呢？老师滔滔不绝本身并不是坏事，但在课堂上你的滔滔不绝有什么作用呢？

105. 语文课若不能好好读书，总觉得不对劲。

106. 教学之功往往体现在点评之功，教师之点评是教育智慧的体现。

107. 用作者的观点来证明另一种观点，这样的教学有点不好评价。教学必须有清晰的思路，要一以贯之，而不能过早长出藤条枝丫，否则就会遮蔽学生发现的眼。

108. 好的课堂一定会呈现出一种整体之美，而不是叠加零零散散的知识碎片。

109. 教师居然念稿子上课，真有意思。试问教师"说"的能力跑到哪里去了？

110. 要学生去探究，得有探究的意义，有些感悟感悟就行的问题，偏偏要学生煞有其事地去探究，真不应该。

111. 毫无逻辑地站起来分析、分析、再分析，不如坐下来认真地朗读、朗读、再朗读。

112. 比较教学是一种非常有用、有效的方法。

113. 不要老想着活学活用，很多知识需要内化，何况是能力培养呢？

114. 好的教学往往具有思维的高度，会让学生寻找到光明。

115. 教师的精神长相往往决定了课堂的精神长相。

116. 课堂上一定要注意教学的走向，你要带学生走向哪里？

117. 理清思路不是目的，发现思路背后的思路才有教学的意义。

118. 抓住文体，但也要抓住读者对象。

119. 教学逻辑出了问题，很多时候是教学顺序出了问题，换一个顺序，效果也许不一样。

120. 在特定读者对象下的语文教学，首先考虑的是特定对象情况下的特定表达。

121. 教学务必要考虑文本教学的价值，文本作为例子，自然有例子的意义。

122. 教学要处理好"顺着走"与"倒着走"的辩证关系。

123. 教得不充分，自然学得也难以充分。

124. 哲理随笔要上出语文味，否则就成了思品课。

125. 短文要思考长教，长文要考虑短教。

126. 课堂上的学习要真实地发生。

127. 作文教学之功在于点拨之功，才能及时生成。

128. 作文教学要懂得放，但核心在于收。否则，就像脚踩西瓜皮，滑到哪里算哪里。

129. 一节课到底要解决什么问题，上课前必须掂量掂量好。

130. 教学设计中的精彩部分不能在课堂上展开，原因何在？执教者当思之。

131. 我一向不支持课前花大量时间预习，课堂中应该有先学的环节；课堂的效率体现在学生在本堂课的收获。

132. 好的课堂一定离不开生成，有些生成是教师激活了学生的思维，有些生成是学生的学习状态改变了预设的内容。当学生在学习上出现疑惑时，老师一定要珍惜这样的时刻，千万不要错过了。

133. 诗歌教学离不开朗读，但朗读时要分层次，分重点，处处用力，实则少力。

134. 在学生自由思想、自由表达的基础上进行理性梳理，才是实现作文指导的基本途径。

135. 课堂上鼓励孩子是多么重要的事情啊，但鼓励不是昧着良心说胡话，必须有理有据地告诉孩子他的优点是什么，给其他学生树立一个榜样。

136. 教学，教学，既有教也有学，这是常识，更是规律。但有些老师，课堂上把教发挥得淋漓尽致，让台下听课教师掌声一片，甚或令人顶礼膜拜，遗憾的是，唯独缺乏学。当然，他们一直把学生的学含在嘴里的，偶尔还会吹几个大泡泡。

我曾应邀去长沙东雅中学同课异构，课后，学校彭仙辉副校长说，无论是上课还是评课，感觉我又精进了不少。我同意她的观点，因为我一直在实践，在思考。有人说我谦虚，我并非谦虚，我只是真实。我会课后反思自己的不足，下次上课时，就规避同样的错误。错误越来越少，课就越来越好。听别人的课，亦如是。拿别人的缺点来照照自己，引以为鉴，不是坏事。

亲爱的读者朋友，当你去听课时，也许真的没看到什么，也想不出什么，但并不要紧，因为很多年前，我也一样。但随着年龄的增长和思考的加深，自然而然就会冒出许多想法。

这样的想法，便是我们的精神财富。在世俗面前，我们抵不住各种诱惑，甚至时常心理极不平衡。凡事都讲个功到自然成。在教学上，没有比自己的进步更重要的了。我始终相信：那些热爱教育、坚守课堂的同道，一定会在精神的世界享受人生的快乐。我就是这样走过来的。

培训中成长

教师成长需要平台。平台，即舞台……

导 / 语

在日常的上课外，我们会参加各种校内校外的培训，例如市培、省培、国培。不知大家有何感想。当初的我，是比较排斥的，感觉学不到什么东西，有些专家讲得过于深奥，不知所云；有些专家讲得太一般，等于没讲。现在的我，观点却发生了转变：培训促我进步，因为培训给了我平台，让我看到了另一种课堂。

聆听名家，摸索培训门道

2017 年永州市教育局推荐我参评湖南省第十一届特级教师，然而政策有变，一个单位原则上只能推荐一名，我毅然决然地把申报材料从省厅捧了回来。领导们很是欣赏我这样的态度，夸我高风亮节，淡泊名利，其实我哪有那么高的境界，成为特级教师那可是我人生一大梦想啊；不过，话又说回来，我从不愿跟别人争抢，本性使然。这次的放弃，多少有一点无奈。幸运的是，恰逢省级教师培训师培养对象遴选，主管领导便推荐了我。三年的培训，再一次改变了我。毕业前夕我创作的一首朗诵诗，表达了当时的心绪。

省教师培训师培训

一个颇感时髦的名字

不经意间走过了三年

从同升湖畔

到清华园的月色荷塘

从一种不屑一顾

到津津乐道

甚或以此为荣

那是一场改变

细雨润物　悄无声息

于是很多人的名字

镌刻在了我的心里

我看到了温暖　光明　希望

还有孜孜以求的力量

不是所有人都让人常常忆起

也不是所有培训都能让一个人念念不忘

思想提炼那是一次浴火重生

小组考核那是一次集体智慧的火山爆发

毕业汇报把我们推向了"向死而生"的谷底

课堂提问

自由辩论

各种形式的创意

都成为美丽的风景

在你我心底泛起思想的涟漪

也许当初你并未觉察到培训的新奇

但而今发现别人成了你的镜子

你或许在见贤思齐

你也许在自我反思

成长是一种内在的驱动

培训是一种发现的平台

一切无须刻意

一切都在自然发生

走过

方知那是如此珍贵

离开

已长成自己希望的模样

培训湘军那是当初的梦想

你我靠自己的双脚

慢慢爬上教育的高山

未参加培训师培训之前也去全国各地作了不少讲座，但真正把培训当作课程来对待是从培训师培训开始的。常听老师们夸湖南教师培训师课上得好，其实是有原因的。三年的培训从技、术、道三个方面进行不断提升，哪有不进步的道理呢？

听华东师大刘良华教授深入浅出的讲座，让我们看到了光，那是教育之光。令我感叹的是：刘教授头虽光着，但脑子里藏着一座智慧的森林。高学问大抵如此吧：学贯中西，幽默风趣！于是生出很多对培训课的感叹：

1. 要长得有思想。比方说，刘教授，长得蛮有思想的，头光着，聪明的象征，也是一种气质。

2. 说出自己的思想。继续说刘教授，他的讲座言简意赅，余味无穷，何故？因为思想。他不说别人说过的话，别人说过的话他会反着说，但让你觉得有道理。

3. 让听众会思想。好的培训师不仅自己有思想，而且让听众会思想。

思想何来？无非是思考，阅读，实践。

比如听黄佑生老师的讲座，又生出不少思想。

黄佑生老师，被我们称为湖南教师培训师的总教头，他的讲座，就是我们学习的教科书。

一天晚上，听黄佑生老师的直播讲座，忍不住要说大家经常说的那个成语——受益匪浅。常德刘银辉老师听完黄老师的讲座后说：我特别不喜欢那种头脑风暴式的强行植入的讲座，黄老师的讲座节奏感特别好，语速不急不缓，给听者以思考、联想的时空，有春风化雨般的心灵润泽效果。我非常赞同刘老师的观点，黄老师的讲座，好在哪？我不由得陷入深思。我想大概有三，即三大利器。

1. 娓娓道来——直抵心灵，余音绕梁。黄老师的课，似乎没有多少激情，也没有多少幽默，但确实令人陶醉，有种一直想听下去的愿望。过于激情，容易让人累；太过幽默，容易让人分心。而黄老师的娓娓道来，就如阳春三月的和煦之风，不浓烈，不阴冷，舒适的温暖荡漾在心底。一个半小时的讲座，仿佛在偌大的草原上，仰望蓝天，看白云飘过，鸟儿飞过，还有成群的牛羊在眼前奔过，一分一秒就这样充实地走过。

讲座，是语言的艺术，选择何种语言，铸就何种风格，用语言形成讲座的磁场，深深吸引观众，以求更大之效果。

2. 萃取思想——金句迭出，难人寻味。记得在清华大学培训时，黄老师要求我们萃取思想，那晚的讲座，其实也是他的培训主张的践行。好的培训，一定是有思想的，因为有思想，所以才深刻。他曾说，我们的思想可以写成一部书，也可以是一两句话。整场讲座，金句迭出，耐人寻味：陪伴是静悄悄的教育；陪伴是最长情的告别；陪伴是帮助和指导，不是监工……

而思想一定来自实践与思考，有人说黄老师是湖湘培训第一人，我是非常赞同的，在他身上闪烁着智慧与思想的光芒，听他的讲座，尤能体会到这一点。

人云亦云的讲座，一定是乏味与无趣的；有思想的讲座，才让"培训种福"成为一种可能。

3.真实案例——活泼可感，如在眼前。我跟好友——武冈小语教研员谢友元先生聊天时，一致认为：黄老师不是抒情派，但一定是一位善于叙事的好老师。黄老师深谙叙事，他讲故事的本领是一流的。道理蕴藏在故事里，深入浅出，易于理解。宣讲空洞的道理，铺陈肉麻的情感，不是让人生厌，就是让人难受。而故事，永远具有一种强大的魔力，让观众百听不厌，翘首以待。

整场讲座，有自己的育儿故事，也有同事的育儿经验，亦有朋友的育儿插曲，一个个真实的案例，一个个鲜活的人物，黄老师娓娓道来，一个半小时的讲座，倏忽间就过去了。

黄老师的讲座告诉我：适合的语言、深刻的思想、丰富的案例，是理想讲座不可缺少的重要元素。

现在想来，好的讲座的确就是如此啊。一次应湖南省培训师符芳主任之邀去湘西讲"五多课堂"，全州几万名老师收看直播，难度不可谓不大。但那次讲座，老师们反响非常好。

有老师在"美篇"中说:

初听吴春来老师的讲座,觉得这个老师有点意思,没想到越听越被吴老师的课堂魅力折服,一点儿瞌睡都没打。你看他唱也唱得激情飞扬,朗读也朗读得抑扬顿挫,肢体语言也是那么有趣,讲座重点内容突出,就算是批评的语言也不会那么让人难受,如会场上鼓掌声音稀稀拉拉,他这样说:"谢谢你们这么稀稀疏疏的掌声。"哈哈,会场上响起雷鸣般的掌声,好轻松又愉快的课堂啊!此外,我还被吴老师的特别强的时间观念折服。讲座讲着讲着,看到学员们的用餐时间快到了,也不耽搁,直接宣布讲座结束。由此可以推断,吴老师平时上课也不是一个拖堂的老师吧?因为拖延后的那些时间讲的什么内容又能有几个人听得进去呢?我想吴老师是深谙此道的。用他的话说就是:越了解,越有效。这样的老师,有谁会不喜欢呢?你是什么样的人,真的可以体现在你的一言一行之中。这个吴老师不得了!课堂上,如果你也是这样的老师,孩子们的眼睛、耳朵、手、嘴都跟着你,哪还有时间去分心搞小动作,讲悄悄话哦?

值得欣慰的是:每次被邀外出作讲座,主办方都说我是最受欢迎的老师之一。国家教育行政学院嘱我录课,他们给我的课程评了4分,并告诉我,一般专家只得3.3分。

好的教育工作者,不仅会给学生上课,也要会给老师上课。给老师上课,是一种输出,输出的同时必须有输入。输出的过程就是成长的过程。

真诚交友，向同道者学习

 说起省级教师培训师培训，不得不说起一位学友——谢友元。

 第一次见他，在长沙。

 那天，我坐在教室的一个小小角落，静静地扫视各位学友的谈笑，忽然听见"哈哈，你这个小鬼"从前头传来，一位长得有点历史感的男人在跟几位美女教师聊天。只见他夸这个有才，那个有情怀，时不时逗得众学友们哄堂大笑。

 他土气中似乎还裹着几缕烟火味，但毕竟是省级培训师，莫非评选都是内定的？我暗自忖度。你看学友陈红，英国访学中外兼修，知性中不乏东方女子的风韵；素娟，《诗经》里飘然而来的窈窕淑女；再说那班长，高大魁雄，阳刚中不失婉约的诗情。"老谢！"一个豪放中内蕴着娇媚的声音从我耳际掠过，我转头一看，一位长得端庄而又带有富贵味的女老师正深情冲着他一笑，他满脸堆笑："慧姐！"十分默契的应和，宛如春天里百灵与画眉在林间的传音。"这两人真有点情趣。"我暗想。后来，我们分在了一组，我不太善于和陌生人交流，彼此遇见了，也只是客气地互道一声"你好"。时间长了，听大家都叫他"老谢"，甚至年纪比他长的也是这般亲切地叫，我也跟着众人这样叫了，"谢老师"也就不自觉地从我嘴里消失掉了。

一次，在学员与专家同课异构活动中，他第一个发言，一二三四，有条有理，激情洋溢，话音刚落，众人响起热烈掌声。课后，老朋友碧莲君兴致勃勃地跑向老谢，竖起一个大拇指，连说三声："老谢，真了不起！"只见老谢，用右臂一挡，把头一偏，绽放出十分质朴的笑："哪里，哪里，我是乱讲的。"碧莲君，在我心中俨然湘西女侠，在几年前的"真语文"活动上得以见识她的才智，她是不轻易夸人的。从此，我对老谢，刮目相看了。

我与老谢的真正交流始于后来的一次晚间小组会议。由于开会，我不得已说了几句话，这应该是我第二次发言，只见老谢十分认真地看着，甚至还有点惊讶。散会后，他主动找我搭讪："春来，我终于知道你为何敢于跟上课专家对话了。"我有点疑惑地问："为什么？上次，我是没办法，是那位老师说我上课居然脸红，还当着众人那样说，我也害羞啊！总得挽回一点面子吧！"老谢十分严肃地说："说句话，你别生气！"我怀着一种忐忑心情等着他的回答。"我原以为你是来打酱油的，老坐在那里一言不发，没想到你还真有水平！"他又露出那种质朴的笑，夹杂点孩童气。"是来打酱油的"挫伤了我，原来我给别人这样的感觉！我苦闷了几日。

"者者，我想死你了！""香香，我想死你了！""慧姐，我想死你了！""红姐，我想死你了！"……一阵欢笑从北京鼓楼外大街 56 号北京教育学院宿舍前台传来。学友周国庆嘴角轻咧，露出电视剧《铁齿铜牙纪晓岚》里和珅般的神秘之笑："这个老谢，太热情了！"一旁的汤颂保持着固有的冷酷，一手插进裤兜，一手摸着手机，酸不溜秋地冒出一句："受不了，老谢！"长沙一别后，与老谢在北京相见。

不过说也奇怪，这个姐，那个香啊、甜啊的，但对同组的博士宁之，老谢从没这样亲切地唤过，高兴起来了就叫一声"宁之"，不高兴起来就说一句"周博士……"之类的十分客气的话。见他与众女学友亲切而又融洽地相处，不禁让人想起大观园的贾宝玉来。其实那会儿，我暗地给他取了个绰号"谢老宝"，但不好在众人前如此叫，一则怕老谢接受不了，二则这个绰号不太雅致，之后就不了了之，还是继续叫他"老谢"。

北京似乎没有多少值得回忆的事。有一次我请假去见王旭明社长，据说他在课堂上又闹出了好戏。毕竟是听说，我并未亲见，自然忘了。

不过对两事颇有印象。

那一次听老谢唱歌，以他的声音，应该不适合唱民歌的，唱唱湖南的花鼓戏应该别有一番情趣吧。可是，老谢说，他喜欢唱民歌，唱《十五的月亮》唱得好。我是不太信，因为他的嗓子摆在那里。但老谢对他唱歌的水平自信得出乎我的想象。北京教育学院研修结束的前夜，我们举行晚会，老谢唱歌了。音乐还没播出，他就开唱了，左腿向前迈出一大步，身子跟着前倾，臀部殿后，后脚随即往前挪，手持麦克风，翘着兰花指，把一个男人的婉约美展现得淋漓尽致。"十五的月"唱完"月","亮"字刚唱了个声母，众人便笑得前翻后仰：素绢露出白皙的牙，把眼睛瞪得大大的望着老谢，眼泪都渗了出来；鼓掌的，拍桌子的，哈哈哈的，呵呵呵的，顿时响成了一团。老谢唱歌，他比节奏要快点，自带喜感，让人忘不了，也受不了——不笑，简直对不起他。

一次，他找我聊天。他说他最敬佩班上的吴局。我问为何。他说吴局特有情怀，作为教育局局长给他们作讲座，讲到激动处竟然给全体学员来个九十度的大鞠躬，顿时把他感动得眼泪稀里哗啦地流。老谢喜欢说流泪，不管是写文章，还是讲故事，总要捎上"眼泪"这两个字。不过，时至今日，我没亲眼见过他掉过半滴泪。但老谢，说他真的掉泪了，掉泪不仅仅是因为那一鞠躬，更因为一句话。老谢咽了咽自己的口水，他嗓门大，声音洪亮，多半是口渴了，这个我自然可以理解，可是他接下来便冲我说："那句话，估计你想都想不到。"老谢善于说故事，这应是他惯用的技法。但我不想钻进他的套子里，故意默然不语。他扭了扭身子，用身体推了推我，大声喊道："做局长，我就是一条看门狗！"话音一落，他用一只手半捂住自己的嘴，另一只手猛向后面摔，发出"咯咯咯"的笑声。从此，我对吴局，有了一种崇敬之情。但老谢说他当时流泪了，于我来说，一直是个谜。但肯定地说，我对不少学友的了解都是从老谢那里得知的，他会把别人的优点说得活灵活现，令听者无法产生半点怀疑，否则似乎在亵渎他的用心。时间证明，他尊敬的人都值得去尊敬，至于读者信与不信不重要，至少我信了。

还得说说老谢的专业，否则读者朋友都误以为他只会在温柔乡里做文章。老谢是语文老师，也是教研员。在毕业前夕的考核活动中，老谢讲作文教学。他从他小孙女打针的故事开始，声情并茂中，把孩子的心理活动描摹得活灵活现，"给小孩打针的阿姨不是好阿姨"逗得我们捧腹大笑，激动处他声音十分高昂，武冈本土方言为底色、北京语音为涂料的普通话听起来别有一番风味。只见他右手高举，目视前方，眼里充满仁爱，十分的自信。其实老谢不是一个很自信的人：要不自负，比方说他的歌唱水平；要不自卑，他总说自己是民办教师出身。但在课堂上，他超乎寻常，最后他把手一挥："作文一定来源于生活。作文有那么难吗？关键是我们老师要带学生去发现生活。"言简意赅，深入浅出，几个小故事就把我们带入了情景中，我暗暗为他高兴。当然在他的汇报中，会场一定少不了两样东西，一个是笑声，一个掌声。当他讲完后，考核组长合肥师范学院的宋老师给予高度评价，他像个孩子似的站在那里乐呵了良久。

听学友勋业校长说，在一次假期培训会上，老谢给他们学校讲"幸福教师"，本来老师们是很反感这样的培训的，然而老谢讲自己的出身，讲从民办教师一路成长为省级教师培训师的经历，普通的故事饱含着深情，赢得老师们的高度赞誉。他作讲座喜欢讲故事，我们都了解，但他讲的不是悲情戏，而是一位乡村教师努力追问教育的哲学故事，这是很多学友不知道的。

老谢评课也是一把好手。我们曾陪同班主任石科长与刘婷老师到永州蓝山调研，当我们都完成任务准备返回时，他和石科长几人却迟迟未来。正在我们猜疑之时，远处传来老谢的声音："蓝山老师太热情了。"一边的石科长说："老谢你太厉害了，听你评课，老师们都入迷了。"教育局教师科郭科长惊喜地说："谢老师，您评课，我这位非语文老师都听懂了。"老谢却一个劲地说："哪里哪里，我是乱讲的！"心里却乐开了花。后来，一位蓝山的小语老师告诉我，一位年纪看起来有点大，皮肤有点黑，眉毛有几根白，笑起来喜欢半掩着嘴的那位老师评课十分有水平。

老谢，一路走来，相当不易，但他的努力与才学，是有目共睹的。在他身上，我读到了自己。有人说，我在湖南有很多拥趸，其中邵阳占了很大比例。这跟老谢在邵阳大力宣传我分不开的，他多次向当地领导推荐我去授课，课后，老师们的真诚评价，让我赢得了专业的自信与自尊。

2020 年我再次去邵阳武冈上示范课，欧艳老师写下这样的文字：

吴老师的"五多理念"绝不是空中楼阁，而是牢牢地建立在语文这个根基之上的。他的心中有语文，所以他的课堂建立在提升学生的语文素养之上，紧扣文本，让学生会听、会想、会问、会说、会读、会写。长此以往，学生的语文意识会逐渐增强，语文功底会日渐深厚。他的眼里有学生，所以他的课堂建立在学生的问题之上，让学习真实发生。他的课堂是学生进步的课堂，也是充满人文关怀的课堂。"心中有语文，眼里有学生"，把教书育人融会贯通，凝聚成温暖的"教育"二字。不得不说，吴老师的示范课堂，处处是风景。移步换景，细心的老师时而用镜头抓拍，时而用笔记下，甚至还有老师从头至尾举着手机录课，不曾放下，都只为不错过任何一个美丽的瞬间。

都说文人相轻，水火不容，而我跟老谢是惺惺相惜，他不遗余力地推介我，他说希望更多老师走进我的课堂，学习我的教育思想。我们的故事简约，而又不简单。想起他，心中便有一股力量，激励我一路向前。

挑战自我，寻找平台绽放

"我们二班要写一首班歌，哪位老师愿意创作啊？"第二批湖南省教师培训师班级群热闹开来。不少学友纷纷推荐我。我有一个原则：个人的能力不张扬，集体的事情不推诿。由于同学们的信任，我满口答应了此事。也许是精神太过紧张，那一晚，我想着以怎样的方式来呈现湖南教师培训师培训，以至彻夜难眠。不得不相信创作是需要灵感的，想着想着湖湘文化与培训湘军，突然文思一涌，连夜创作出《湖南省教师培训师之歌》：

浩浩潇湘涌波浪，巍巍岳麓出苍茫。

心忧天下敢为先，胸怀乾坤育栋梁。

学高为师，身正为范。

群贤毕至，追逐梦想。

春风化雨，树蕙滋兰。

教师培训，播种希望。

不管前路多漫漫，上下求索壮湖湘。

不管风雨和阳光，英才辈出看湖湘。

同学们对之交口称赞。历经数月，由学友郭阳锋作曲的培训师之歌，在湖南省首届教师培训论坛——同升论坛上集体唱响。后来《未来教育家》杂志编辑宋丛春老师选用此歌，将它发表在他们的杂志上，并向中国教育学会常务副会长、《未来教育家》杂志总编辑刘堂江先生推荐我，他老人家对歌词颇为欣赏，动议我给《未来教育家》写一首刊歌（遗憾的是，一直未能完成，虽然后来我创作了《大先生》，但杂志已更名）。因为一首歌，湖湘老师了解了我。甚至有老师夸张地说，一首歌，我名扬湖湘。

一个人的成长是需要机遇的。因为我创作的《湖南省教师培训师之歌》，不仅得到了老师们的认可，也得到了领导和导师的青睐。于是，第二届同升论坛，黄佑生老师嘱我起草《同升论坛宣言》。这又是一次挑战。经验告诉我：越是这样的重要活动，越要敢于站出来。我义无反顾地欣然接受。经过三日三夜的苦苦思索，便有了这样的宣言初稿：

岁月不居，春秋代序，值 2022 年元旦即临之际，我们，一群来自祖国大江南北的教师培训师，齐聚星城，论道同升，弘扬"心系天下，敢为人先"之精神，肩担培养高素质专业化创新型教师队伍之使命。在此，我们郑重宣言：

一、做有情怀的教师培训师

学高为师，身正为范。情系教育，心向远方。不向世俗折腰，坚守内心宁静。不为名利而培，但向真理而行。兀兀穷年，皆因热爱之故；孜孜以求，共解师生之忧。

二、做有胸怀的教师培训师

包容开放是我们的心态，各美其美，美美与共，平等以待。彼此尊重是我们的姿态，见贤思齐，反求诸己，博采众长。共建共享是我们的行动，己立立人，利人利己，共圆梦想。

三、做有研究的教师培训师

无研究，不培训。叩问教育，聚焦问题；躬耕校园，脚踏实地。有研究，才有内容；有内容，才有效果。尊重教育常识，尊重学习规律，尊重学术原创。做学问，不浮夸，不标榜；做研究，不务虚，不轻狂。研究技法，研究术道，研究培训的酸甜苦辣，研究学生，研究教师，研究教育的万千变化。

四、做有思想的教师培训师

立足当下，放眼未来。思想是智慧的动力，是培训的指南，从行动中萃取，从经验中提炼，从实践中检验。拒绝平庸，反对肤浅；呼唤深刻，追求卓越。以个体之思，凝众人之想；以思想之火，燎培训之原。

不管前路多漫漫，上下求索壮湖湘；不管风雨和阳光，英才辈出看湖湘。让我们高举同升论坛宣言之旗帜，牢记立德树人之教育使命，团结一心，众志成城，共谱教育发展之时代华章。

第二届同升论坛，我在主席台上领读宣言，来自全国各地的400余名培训师与专家们的铿锵之音，振奋人心。也许有老师要问，花三天三夜做这件事，值得吗？如果从物质角度上来说，真的不值；但如果从精神层面来说，那是无价的。作为教师培训师，如何定位自己？如何实现这一身份价值？

对此，我进行了梳理（当然，终稿由黄佑生老师修改确定），这样的梳理让我明确了努力的方向。专业发展要有规划，规划在于弄清自己发展的方向，这大概就是大家通常所说的职业规划吧。此外，作为独体的个人，一定要为集体奉献自己的智慧，立人方能立己。

2023 年 3 月 15 日早上 9 点 23 分，黄佑生老师给我发来一条微信：

尊敬的春来教授，第三届教师培训师同升论坛已顺利落下帷幕。本次论坛的最大特色和亮点，便是 12 日上午的成长蜕变论坛，这是由您一手策划和全程主持的论坛。如果说同升论坛精彩，首在您的这个论坛精彩；如果说同升论坛专业，首在您的这个论坛专业。一事精致足以动人，成长蜕变论坛之所以精彩，是因为您准备了五个月时间。我代表项目组衷心感谢您的精心准备和出色贡献！期待明年春暖花开的时候，在第四届教师培训师同升论坛，我们继续成长蜕变论坛。请您继续专业指导这个论坛。

这样的高度评价让我有点招架不住。第三届同升论坛，我策划和主持了成长蜕变论坛。根据前两届的论坛经验，我给黄老师建议：既然是论坛，一定要论起来。他立马同意并要我全权负责。

也许是因为先前策划并主持了永州市校长与名优教师高峰论坛吧，我与华东师大周彬先生、南京师大附中吴非先生、人大附中校长翟小宁先生这些享誉国内的学者名师对过话，有老师看了我主持的论坛说，这样的论坛有点像中央电视台的访谈节目。这使得我信心满满。正是因为这份自信，我的思路特别清晰：确定论坛主题—邀约嘉宾—了解嘉宾情况—以问题吸引观众—聚焦主题升华论坛。

主题确定为"成长与成熟"，论坛分两场进行。

三个半小时的论坛结束后，我累得虚脱，坐在椅子上半句话都不想说。来自重庆的老师们私下议论：这位主持人太有水平了。

我知道这是鼓励，但这样的鼓励谁不愿意听呢？有人问，这次论坛主持的秘诀是什么？很简单，眼里只有嘉宾和观众，让他们融合一体，时时互动，我起到桥梁作用。主持前，我是做足功课的，查阅了嘉宾们的大量资料，挑出大家感兴趣的话题；论坛过程中，让他们讲故事。比方说，我了解到嘉宾彭三英老师，曾经写了一篇报道介绍麻小娟老师，后来发表在《光明日报》上，于是麻小娟老师给学生讲故事的事情全国传开。我紧扣此点，主持时声情并茂地朗诵麻老师写给彭老师的信，以引起听众的兴趣，转而再让彭老师讲她们之间的故事，这一环节，有泪点，有温暖，效果非常好。正因为这样，两场论坛下来，观众没有疲惫感，笑声、掌声不断。

有人问，论坛与你的课堂有什么关系？论坛里，我悟出了机智；没有机智，课堂那是多么的枯燥无味。

一路走来，渐渐悟出一点道理：

教师成长需要平台。平台，即舞台。在这个平台上去做一些对他人有益的事，自己也就成长了。平台，也是机遇，不强求，真心以待，关了一道门，也许另一扇窗已为你打开。平台，亦有大小，珍惜就好。

返岗实践，渐悟三大问题

2018年参加由湖南省教科院组织的全省初中教研员培训，有幸在华东师大听课半月。徜徉校园，看着一张张青春阳光的面容，仿佛自己也年轻了不少，不得不说，校园是让人心静的地方。当我们被教育的难题困扰时，不妨去大学校园走走，去感受感受浓厚的学术氛围，去听一听国内一流学者的讲座，或许你真的会茅塞顿开，受益匪浅。教育，重在实践；但走出去学习，接受新的理论与思想，是必不可少的。参加培训，是一种成长；参加高规格的培训，更助于专业成长。返岗实践后，勇攀思想之峰，渐悟教学的三大重要问题。

搞懂学生的问题

听上海一区教研员给我们讲大数据分析，通过数据分析诊断教学。原来，学生课堂上的表现可以被数据记录，然后以技术的方式反馈给学科教师。因此，教学更趋于科学。我们的教学为何效果不好？很大原因在于不了解学生，尤其是不了解学生的问题。

在我们身边时常有这样的现象发生：同层次的班级，随着时间的推移，学生之间却产生了相当大的差别。为何会有这样的情况发生？也许原因很多，但有一点是可以肯定的，那就是这个班的教育出了问题，课堂教学出了问题。好的教学往往会实现每个学生学习的权利；反之，亦然。我曾经很偏激地指出：排斥学情就是在毁灭教学。好的老师，通常是懂得因材施教的老师；好的教学，常常是因材施教的教学。

在大数据时代下，通过数据分析了解学生的学情多么便捷呢！比如运用科学技术分析学生应答情况，自然就很简单地知道了学生的问题，试卷讲评时，就会科学处理教学内容了。再比如通过数据分析，我们可以轻松了解学生在什么环节上还有疑惑，什么活动使他们显得兴奋，由此可以把零散的学情归类形成一类的学情。

我们再谈谈观课的方法。

这里的观课是指听别人的课。听课的要素很多，诸如：从教师角度来说，包括教师的语态，教学的环节，教学的内容，等等；从学生角度来说，包括学生的投入状态，学生的提问，学生的回答，等等。如果通过大数据分析，会让观课更全面，评课更科学。

无论是反思自己的课，还是观他人之课，一定要立足学情分析，搞懂了学生的问题，就搞清了教学的问题。教研活动是一项复杂的工程，必须有把工作做到极致化的恒心与毅力。

那么在欠发达地区，缺乏大数据分析的技术支撑，我们只能通过自己的认真观察、严谨判断、民主对话等多种方式走进学生，了解学生。就如医生，不能一味依赖现代先进医疗设备，有时还得好好修炼望、闻、问、切的本领。

举个例子：

有段时间我去听高三作文复习课。讲义稿上，教师把学生的分论点展示了出来。

分论点二：家乡是心灵的寄托，家乡是情的体现。

分论点三：家乡是历史的见证，是历史的守护者。

学生作文的分论点包含了两个观点，给论证带来困难，不难看出，学生的问题在于不会提炼分论点，而课堂上，教师却在训练学生的语言。学生该学的与老师所教的不一致，那一节课的效果，可想而知。

后来在教学中，我十分关注学生的问题，因为问题意识，我的课堂长进不少。教学实践证明：越是关注学生的问题，课堂的效果越会明显；好的课堂，一定要暴露学生的问题。

知其所以然地教

在上海西南模范中学，听数学课，评课者为复旦大学附属中学的一位老师，言语激情，表情丰富。由于科别不同，诸多观点不敢苟同，然一句"解答三角形问题时为何要画垂直线"给人醍醐灌顶之感。犹记得中学时，数学老师手握黄色的三角板，侧着身子，面朝学生，反复提醒说："来，看着，看着，我们画条垂直线！"当初，甚觉好奇，为何要画条垂直线呢？做题百道，也未曾思考过真正缘由。那位老师激动地说，只有画条垂线，两个三角形才有相同性质，才有研究价值；如果画条斜线，会产生两个不同的三角形，非一类别。

对其评课，略有所悟：知其所以地学，不如知其所以然地教；知其所以地反复训练，不如知其所以然地轻轻点拨。

记得高中老师讲力学，未曾讲明这里是摩擦力，那里是压力和弹力的原因，只知把所有力一一用粉笔画出，机械传授。再比如，语文教学中老师说排比句好，那为何排比句好呢？排比句何时运用才为妙用？讲不清"所以然"，只会反复教人"所以"，明师与庸师，泾渭分明矣。

不管是做教师，还是当教研员，我都喜欢听课。听课过程中发现：大多数老师，只教学生记住一些公式、概念、定理，而没有引导学生去思考它们的来由；学生没有真正思考，糊里糊涂学，在反复的训练中，渐渐失去了学习的兴趣。

在上海西南模范中学，我陷入深思。

第二天听上海教科院祝庆东老师讲座，其列举的一个生活案例"我烙的饼为何不好吃"颇有意思：研究型的母亲是一个善于探究所以然的母亲。同理，研究型的教师是一个善于探究所以然的教师。

我去一学校听课，老师素养不错，但课堂教学还是很有问题的。课后，我跟她交流，她显得有点紧张，其实我非常希望她对自己有一个正确的认识，然而她把问题指向了学生。

我烙的饼为何不好吃，我上的课为何不太好，都是开启探究所以然的第一步。聪明的妈妈绝不会把责任推给锅底或者面料，在同等条件之下，你烙的饼不如别人，责任恐怕在于你自己了。聪明的老师也绝不会把责任推给学生，首先要想到自己的教是否有问题。缺少所以然精神是教师群体中普遍存在的现象。去学校调研，鲜有教师自我批评的，凡是教学出了问题，基本上都是学生的事情，诸如：该讲的我都讲了，该布置的作业我都布置了，等等。如果大家感兴趣的话，不妨做个调查，你会发现：一味埋怨学生的教师，他们的教学效果往往不理想，甚至很糟糕。

常有青年教师问我专业发展的问题。我觉得探究所以然是发展的第一要务。进步是从探究所以然开始的。当学生在课堂上表现消极情绪时，我们要反思自己的教是否出了问题，或者教学内容是否不太适合他们，或者我们的语言是否缺乏吸引力，等等，找找缘由之所在。

曾子曰："吾日三省吾身，为人谋而不忠乎？与朋友交而不信乎？传不习乎？"作为青年教师不妨日日一省课堂：今日我的课教了所以然吗？坚持十年，试试看！

┃ 教学当去"中心说" ┃

不记得在华东师大哪间教室了，半个月的培训，她的出现，让我的认知达到了新的层次。她言语温和，举止优雅，笑容可掬，一开口就能抓住学员的心。她叫卜玉华，叶澜先生的弟子。卜老师讲座的题目为"'新基础教育'课堂教学的价值追求与实践举措"。

一开场她便抛出一个问题："以教为中心"好，还是"以学为中心"好？大家几乎异口同声回答："以学为中心"好。她笑笑说，"以教为中心"和"以学为中心"都对了一半。她继续补充道，教与学是可以相互转化的，它们是一个动态的过程，不是以谁为中心。

这个观点颠覆了我的认知，因为我一直把"以学为中心"奉为圭臬。卜老师的话让我想起了自己的教学。课堂上，有时会遇上意想不到的情况，不管我怎么开导，学生都不能达到自己想要的状态，最后导致教学在某个难点处打转转，绕来绕去，没有结果。记得一次在福建听课，由于学生特别胆小，授课专家请学生举手回答问题，学生面面相觑，不敢吱声，授课专家不断去启发、去点拨，想尽了办法，20分钟过去了，但学生还是无动于衷。老师呢？急得满头大汗。

类似的课例不胜枚举，但我尚未寻到破解之法。

正疑惑时，卜教授展示了一案例（上海小学二年级语文课《白鲸得救了》教学片段）：

师：课文中描述了哪些人，分别用什么方式救白鲸的？请大家仔细阅读，然后回答老师提出的这个问题。（不到1分钟，学生都放下了课本。）

师：你请说。

生1：政府，飞机巡视、派破冰船打通航道。（师板书）

师：你来说。

生2：村民，用工具，太寒冷，效果不好。（师板书）

师：还有吗？

生3：猎人，最先发现，报信。（师板书）

师：还有没有？

生4：船员，放音乐。（师板书）

卜老师问："该班的学情如何？"大伙儿便讨论开来，各自发表了不同的看法。

卜老师解释道：不难看出学生的学是浅层次的，甚至是"伪"学，因为没有思考的学是称不上真学的。而此时，教师该干什么？应该提醒学生静下心来，仔细思考，不必急于回答，这样的行为才是教师的教，而这样的教才能有利于学生的学。

她的话让我再次陷入深思：何谓教？何谓学？教与学到底什么关系？

那一节课，我对教与学的关系产生了浓厚的兴趣。

偶然的机会，我去道县，朋友邀我去月岩走走。道县月岩，理学鼻祖周敦颐求学、静养、悟道之处。进入洞口，往东边看，仿佛上弦月；从洞中往头顶看，中间部分宛如圆月；往回走，从西边看，好像下弦月。由于视角的差别，中间的月亮随着行人的步伐变化出"上弦月、满月、下弦月"，这一变化给了我启示。教与学只是角度不一样而已，它们其实就是一回事：教就是学，学也是教，它们共同组成了教学。这也是卜老师讲"教与学是可以相互转化的，它们是一个动态的过程"的原因。《周易》有云：一阴一阳之谓道。教学亦如是：一教一学之谓道。

其实明白了这个道理，就不必纠结教师到底该讲多少，学生该学多少，只需知道：教学合一，自然转化，仅此而已。

教师的教学生涯，其实是一个不断悟道的过程。何为教学之道？对刚参加工作的教师来说，更在乎教师的教；对有一定教学经验的老师来说，也许倾向于学生的学。现在的我看来，教就是学，学也是教，它们如太极图里的阴阳，有机统一、互根互用。

无论是自己去上课，还是听别人上课，有些课堂有教无学，教师教得累，学生学得无味；有些课堂有学无教，学生看似在学，实际无效；有些课堂教与学努力结合，教师的教较好地促进学生的学，学生的学较好地生成了教师的教。好课的最高境界便是教学合一。教师的教可以及时判断学生学的起点，从而有助于学；学生的学可以暴露教师的教，从而改变教的方式与方法，探索更好的教，最后促进学生的学。好的教学应该是促进人的发展的，换句话说，好的教学是让师生共同成长的；从教育层面上来讲，好的教学是育人的，也是育己的。

说得通俗一点，比如当学生遇见困惑不得其解，教师宜及时解惑，此时教师的教是显性的，当以教师的教激发学生的学；学生的学非常顺畅时，教师的教便是隐性的，学的过程其实也是教的过程，学生的学还可以及时地转化为教师的教。

成长的路是漫长的，不要幻想弯道超车，唯有步履稳健，不断前行。成长路上，机遇不可少，若遇上关键的人与事，他们的一句话或者一个观点，都可以让你峰回路转。

修炼五

支教中成长

不同的部门，不同的职
位，都有利于教师的专业
发展……

从教二十余年，看过不少学校，见过不少教师，常常思考我们需要怎样的教育环境、要成为怎样的教育工作者。年岁逐增，渐渐明白：

真正的教育人，他更喜欢扎根一线，心系教育，通过自己的努力改变着学生，改变着校园，让我们的教育更美好。真正有教育情怀的人，心中一定会住着一位教育家。

2017年2月，我成为湖南省首个市级教研员下水的"第一校长"。有人问，你去乡村学校支教当校长对教师专业发展有何启示？

我觉得最大的启示就是：会上课，上好课，是优秀教师的核心竞争力。

尊重学生在学校萌芽

站在教室前的大树下，一阵微风吹过，樟树和桂树的叶子发出窸窸窣窣的声音。操场上，有学生们在运动，一个个生龙活虎。对面山上的树林里，传来阳雀儿的欢叫声。这些景致如此的熟悉，多少年来，校园还是那个校园，但校园又已不是那个校园。

——宋丛春（《未来教育家》记者）

有读者朋友会问，你的专业成长代表的是一种个性，可以复制吗？

任何人的成长都不可能复制，但成长的故事会揭示成长的道理。这些道理，是相通的。比方说，成长路上都要明白"尊重学生"这个道理，只不过每个人走的路不一样罢了。我就讲讲，我是如何悟出此番道理，然后付诸行动的。

如果要说最崇敬的教育家，当属陶行知先生。"千教万教教人求真，千学万学学做真人"，是先生的名言。求真，谈何容易？"捧着一颗心来，不带半根草去"，先生又是何其伟大。教育名家层出不穷，但像先生一样怀有赤子之心者又有几人？

我常常告诫自己：人生在世总要做点有意义的事，既然选择了当老师，就不想浑浑噩噩过日子；既然选择了远方，就要与风雨相伴。

办好一所学校，是我的一个梦，也是我的教育理想。从农村开始，从农村的孩子开始，一步一个脚印，像陶行知先生一样扎根于农村，潜心于教育。

我知道，路，靠自己走；我相信，一定会有同道者与我同行。

一天我与东安县教育局局长说了自己的想法，他表示非常赞同，并且提议聘请我担任学校"第一校长"负责学校的教研教改工作。他希望建设一所属于东安的"帕夫雷什中学"，鼓励我大胆干，说我是一位"用心待人、用情做事的人"，一定会办好这所学校。那种坚毅的语气让我感动。2017年2月22日，我正式上任。与教师的见面会上，我慷慨陈词，希望办一所让社会尊重的农村学校。

也许，至今鲜有人理解我，理解我的选择：肉体之躯的我，哪有那么多精力？

我没有什么爱好，除了看书、写文章外。所以，我是有时间的，除了教科院的本职工作外，我思考更多的便是凡龙圩学校的发展。

我是一个在教育路上伤痕累累之人，偏偏这辈子要与教育结缘。我出身农村，深知农村人的疾苦，熟知农村教育的现状；我曾以全镇第一名的成绩考入一所镇中学，但没有遇上良师，让自己荒废了三年美好时光。曾经的往事，历历在目，我特别同情与我有同样经历的孩子，去农村，要带去最好的教育资源，让那些农村的孩子享受教育的爱与温暖。

我不想用华丽的辞藻来标榜自己，也无须标榜自己，我只是一个有情有义、有血有肉的正常人。我希望过一种平静的生活，办一所安静的学校，真真切切为社会做点实事、好事。我亲自上课，是为了告诉我们的老师：多到学生中去，多让学生展示，多让学生提问，多让学生思考，多让学生讨论。我用自己的行动告诉老师们：只要热爱，只要用心，只要尊重学生，教育就不会失败。

"正心明道真教育，格物致知实作为"是学校大门的楹联，由我亲自撰写，也是对自己的一种鞭策；"实事求是，光明磊落"是学校的校训，是父亲给我的教诲，但愿是我人生真实的写照。

我想把这些传承下去，告诉我们的学生：坦荡为人，光明磊落。

如果我做的这些，对孩子们还有一点点益处，便是一种最大的安慰。如果我做的这些，能够感召我们的教师，感化我们的同仁，那是莫大的荣幸。

在凡龙圩当第一校长，是我人生的重大转折点。

我相信自己，也相信人生！

凡龙圩学校毗邻永州市区但远离县城，全校近300名学生，从一年级到九年级一应俱全，但自带的农村学校印痕却非常深刻：学校被农田、农舍合围，基本上是来自附近农村的孩子，70%以上都是留守儿童；多年来教学成绩落后，校长苦于没有解决问题的良策而显得有心无力；因优秀生源严重流失，教师严重超编、人浮于事，工作中少有人用心关注教育教学改革，上完课便走人；学生厌学现象尤其严重……我能管理好一所农村学校吗？很多人对此提出一个大大的问号。

作为不拿一分钱额外工资的"第一校长"，我的职责是无偿为学校改革把脉，指导、督办学校的各项工作，而原任校长负责具体执行，将学校领导班子取得共识的规划任务逐一落实。"第一校长"付出的代价，除了自己的智慧、学识，更是大把的时间、精力和体力。自 2017 年 3 月起，我一次又一次从市区出发，来到 30 里开外的学校"上班"。每周沿着这条乡村路往返两三次，完整经历了路旁的庄稼由绿变黄、由小苗到收获的过程。如果没有心中满溢的爱与梦想，一般人恐怕难以坚持。

从进校开始，我就"咬住"了文化，提出"让尊重成为一种习惯"的办学理念。用时三个月作词，谱写出一支融进校风、学风的校歌，并找到专业人士免费谱曲，校歌每天第一节课都在班级里唱响：

> 巍巍舜皇山，千古德流芳。
>
> 潇湘多奇秀，凡龙有俊朗。
>
> 正心明道诚为本，格物致知天地广。
>
> 乐学勤勉，毋怠毋荒，鹏鲲万里扶摇上。
>
> 巍巍舜皇山，千古德流芳。
>
> 潇湘多奇秀，凡龙有俊朗。

实事求是君子风，光明磊落气轩昂。

精诚友爱，不卑不亢，大道煌煌任激扬。

这首歌给予凡龙圩学子美好期待，也是对孩子人格与未来的基本尊重。看见他们，我仿佛看见了希望。进校门右手边有一堵墙，优秀教职工和学生的名字、照片在墙上都可以看到。

学校开展校本课程建设，带领教师编选 60 首教材之外、富有家国情怀的诗歌，让每个学生人手一本，进而养成晨诵、午读、暮省的习惯；班级建设各自的班级文化；学校专门设计制作校徽，作为对学生的奖励……我这位"第一校长"希望通过校园文化、楼道文化和校本课程的"文化三度空间"，将无形的文化唤醒与有形的文化濡染相结合，对缺少文化的农村校园进行"加注"，因为"文化是养心的"。

新学期开学后，原先脏旧的楼体经过粉刷焕然一新；楼道挂上了 18 个镜框装裱的不同字体的书法作品，那都是我跑到长沙向自己的大学老师求来的；刚刚启用的新校门给学校增添了几分气派——那是暑假里，花了十几天时间，跑店跟老板砍价定样，用最少的钱为学校更换的"脸面"。虽然这些变化都不需动大工程，但让校园多了些"文化"的味道。

学校是一个专门承载文化、传承文化的场所，文化是学校存在和发展的灵魂，所以学校如果没有文化的支撑，就好比一个人仅仅是一个皮囊在社会上飘荡。当然，校园文化不应该是空洞的，它必须有现实的抓手，必须通过实实在在的载体来体现。

当校长，留下优秀教师也是一件难事。尽管凡龙圩培养的优秀教师"孔雀东南飞"，飞进县城、市区甚至是省城——2018年就考走了五个，2017年考走四个，他们大都是在市县两级教学比赛中，获得过第一、第二名的——但我仍旧默默祝福他们。

"这世间总会有人给你温暖，在你迷茫不前的时候，握着你的手走过一段路，让你经年后想起，依然想微笑着道一声：'生命的路上，能够遇见你真好。'"已经调离凡龙圩的地理老师唐鸿岸接受采访时，对记者说。

在学校总能看到许多感人的场景。

退伍军人出身的唐民强老师，主动地训练孩子良好的生活习惯，孩子们叠出来的被子像"豆腐块"，方方正正，不逊色于军人，其他用品亦摆放得整整齐齐。在男生宿舍，《未来教育家》杂志记者问一个四年级的男孩："你的被子是自己叠的吗？""不是自己，还会是哪个？"他很干脆地反问记者。

唐民强老师的毛笔字和硬笔字都写得很好，他看到学校兴办学生社团缺乏师资，便自告奋勇地带领书法社团。他每天在校园巡视，发现安全隐患，积极主动处理，不需要人交代。他给寄宿生评"文明寝室"，学校没有经费，他就自掏腰包买奖品。一个大老爷们，24小时在学校，随时为孩子们服务。

石琪英老师认为："吴校长能来凡龙圩，是学校的福气。"她本已退休，但她说自己身体好，喜欢学生，愿意发挥余热。她坚持每周三个晚上住在学校陪同寄宿的学生。由于住房困难，她只能住在教师宿舍隔壁的小房间，但她无怨无悔。

这一切都是源于尊重。心中有了他人，学校才有尊重的文化，课堂才有尊重的氛围。

2019 年，湖南省第二批教师培训师在黄佑生老师的带领下来到学校。我陪同他们参观。

"吴校长，吴校长！"刚一下车，一群孩子便像一群小鸟一样"飞"到了我身边把我紧紧地围住。

"这是我们第一校长，吴春来校长！"学生主动向大伙介绍，自豪之情溢于言表。

"你们怎么这么喜欢你们的吴校长？"学友谢友元老师好奇地问。

"他对我们好呀！"一个孩子说。

听见孩子们的回答，我差点泪目。

后来，谢友元老师在他的日记里写道：

看到这喜人的一幕，我不无疑惑，是什么神奇的力量把学生和校长的心拉得如此贴近？我深知，无论如何，吴春来老师不可能成为第二个陶行知，但我分明从吴春来老师的身上，看到了陶行知先生的痕迹。

的确，我不可能成为陶行知第二，也难以成为苏霍姆林斯基第二，我就是我。

我热爱着教育，希望我们的教育能葆有基本的人性，把尊重当成一种习惯。

教学秩序在课堂形成

正式履职后，我把"主战场"放在深入课堂听课抓教学改革上，这是我的长项。以前的课堂，学生在下面吃东西、说话，教师就在一片乱哄哄中讲自己的课，而且学校几乎没有什么教研活动。所以，形成良好的教学秩序成为工作的重中之重。

首先，推出了"五个一工程"规范办学、提振士气：一周一次教研促教学、一学期一本教育专著促教研、一学期一次外出促进步、一学期一次展示促成长（学校每学期出一本杂志）、一间书屋关爱促和谐（校内辟出一间教室作为乡村教师书屋，现已配备了空调、欧式紫色布艺沙发、纯白铁艺圆桌椅和一些书籍，让乡村教师在这里喝着咖啡读书和谈论），最终建设一所受社会尊重的最美乡村学校。

其次，用最平实的提法和做法，带着教师大力推行"五多课堂"：多到学生中去，多让学生展示，多让学生提问，多让学生思考，多让学生讨论。现在，"五多课堂"已经成为教师教学的"行动纲领"，而且作为市级教研员，还时常亲自给这里的农村学生上示范课，学校教学取得了可观改变和可喜成绩。

另外，以"第一校长"的身份与学校行政领导约法三章：

要做教学的先锋、人格的榜样、行动的巨人，要想干事、能干事、干好事。周一至周五，学校内严禁打牌、打麻将等娱乐活动；每位行政成员要蹲点一个班级，关注教师的教学和学生的学习、生活与心理状况，为班级建设出谋划策。在带领大家转变理念、凝聚共识的同时，我还为学校班子成员、班主任及科任教师制订了详细的考评、奖励方案，由此调动起了教职员工的积极性和主动性。

形成教学新秩序的过程，是困难的。因为无论是教师，还是学生，都意味着要改变以往的工作和生活习惯，需要克服很多的不良习惯，这方面越是年龄小的孩子越容易改观。经过一年的坚持，学校的风气相对好转。这是很令人欣慰的一点，然而最难改变的是课堂。

"五多"，说起来简单，真正做到不容易。

这里我讲一个具体的故事吧。

"吴校长，不是我们不想在课堂上让孩子多发言，多讨论，关键是这些农村孩子不行，没有见识，脑子也不灵光。我们真的做不来。"一个女老师找我哭诉，说她的班上就有这样的学生。

一次巡课，我到教室了解学生情况，恰巧认识了一位男同学。他外表憨厚，天资并不聪慧，看上去老实巴交，用"木讷"一词形容并不为过。不管我问什么，他都不说话，总是给我一个羞怯的笑容。

在课堂上，为了活跃课堂气氛，我先带着孩子们来了一曲班级合唱，看到有些学生表情拘谨，又让学生们一一站起来做简单的自我介绍，这样学生们才稍稍镇定下来。我走下讲台，站在学生身边和学生进行互动，鼓励学生多开口多举手。"不管想表达什么，我的课上可以随时站起来，或者举手示意老师。"

那天讲的课文是《海燕》和《雷电颂》，我走到这位同学身边说："请你站起来有感情地朗读《海燕》。"他紧张地站了起来，脸憋得通红，等了半天，却一个字也读不出来。他以为会被老师严厉地批评，课堂氛围也变得紧张起来。我微笑着摸摸他的头，示意他坐下，然后说："看来，人的潜能爆发起来是需要蓄能的，老师小时候也是这样，没关系。"同学们都笑了，课堂气氛又轻松起来。

课堂上，我注意到很多男生的指甲没有剪，头发也比较长，而这位同学的衣着整洁，指甲很干净，于是我拍着他的肩膀高兴地说："你可是我们班的帅哥，着装干净整洁，老师很喜欢，同学们都要向你学习，注意自己的仪表！"他原本胆怯的脸上闪过一丝不易察觉的光芒。在讲到《雷电颂》一文时，我拿着教科书缓步走到他身边："请你来读……"他站起来，沉默了两秒钟，终于磕磕巴巴地读了起来。

我们不得不反思：平时的课堂上，老师总是忽略了这样的学生，把目光集中到几个基础好的学生身上，但对教育来说，没有尽职尽责。

下课后，孩子们围拢过来。"吴校长，还能给我们上一课吗？"

"没时间了。"

孩子们低下头，显得很不高兴。"那下周能来吗？"

"可以。下周不见不散。"孩子们又笑了。

来学校，既给孩子讲课文，也给老师讲教法。有人说我上课成瘾，上课成魔。我深深知道：对于老师，上课是看家本领，作为校长，最有说服力的就是上课。

老师们看着我上课，跟着我上课，学着我上课。渐渐地我们提出了英语教学的"情境展示""激情与微笑同在"等教学主张。

"纸上得来终觉浅，绝知此事要躬行"，教育最怕纸上谈兵，去农村，去最薄弱的地方，我才知道良好的教学秩序才是课堂教学的首要条件。这，何尝不是一种契约精神呢？"没有规矩，不成方圆"，合情合理的规矩，那是多么的重要啊！

教学秩序的形成绝非朝夕之事，更需要深入课堂与老师交流探讨，达成共识。这样的过程，是一块石头煅烧成石灰的过程。我周周都会参加教研活动，根据老师们的课堂给出相应的教学建议。课听多了，见识也多了，思考也多了。在这里，我给大家举一个参加语文和英语教研活动的例子，看我是如何进行指导的。指导实录如下：

三年级与八年级，这两个班级通过这学期的努力，发生了很大的变化。一句话：这是两个让人欣慰的班级。这得益于这两个班的班主任，得益于两个班的科任教师。

这两位老师也充分体现了"五多课堂"提出的一个标准：微笑与激情同在。可以这样说，她们代表了凡龙圩学校"五多课堂"的形象。我想咱们在座的每一位老师都应该向她们学习，学习激情与微笑。

刚才老师们说了很多不同的意见、看法或建议，都有各自的道理。在这里，我想提出两个思考：

第一个思考：咱们的教案为什么没体现出"五多"的理念呢？教案为何还是贴标签地停留在原来的知识与技能、过程与方法、情感态度与价值观上呢？停留在这样的传统样式上，都是大而无当的，这仅仅是一种形式罢了。不管是语文、数学还是英语，教案都应该体现出"五多"的理念。"五多"的五个环节需要咱们教研组长提供一个范式。上次咱们从东方红小学回来后要做这么一件事情的，至今我还没看到教研组做好"五多"教案的范式。

第二个思考：怎么处理好展示的问题？这是我今天讲的最重要的一个话题。我想到一个标题，叫什么呢？——有一种教学叫情境展示。

"五多课堂"让学生多展示，应该是让学生在情境中展示。那么什么是展示？展示是呈现，老师把要教的东西呈现给学生看，学生把学的东西呈现给老师或其他的学生看，这叫展示。

展示什么？第一，展示学生的疑惑；第二，展示学生学习的状态。举个例子，先讲语文的。刚才有位老师讲到君子好（hào）逑还是君子好（hǎo）逑，如果没有这个展示的话，你不知道这个字要强调是个多音字，好（hǎo）逑就是好的配偶、好的对象，好（hào）逑的意思就不一样了。再说英语课的展示，检查学生是不是读错音了，比方说让学生到台上去讲，就是让学生展示那种状态，展示学习的过程。展示的过程也是学习的过程。总之，展示的目的就是让老师有发现，让老师懂得学生，了解学生。为什么要展示？站在教育的规律上说，就是要了解学情，因为学情才是教学的逻辑起点。

那么怎样展示呢？

第一，在哪里展示？两个地方，一个是讲台上，一个在座位上，我更主张学生到讲台上去展示。比如今天讲的英语课，一个学生到台上去，抽学生回答，这样的方式特别好。但今天的语文课，表演展示，我是持反对态度的。为什么持反对态度呢？你表演的目的是干什么？你要记住这一点：你在那样一个场景之下，学生能看到什么？只能是看到笑话，很搞笑。为什么说搞笑？因为没有真正地让学生进入诗歌。"关关雎鸠，在河之洲。窈窕淑女，君子好逑。"这是一种意境，但我们的表演不能呈现出来，表演是幼稚化的。教学避免幼稚化，要有思想上的冲击和张力。

第二，当学生展示的时候，老师在干吗？当一部分学生展示的时候，另外一部分学生要干吗？这也需要思考。当学生展示的时候，老师要认真观察：这个学生展示有没有问题？如果有错误要及时指出来。这个展示有没有什么优点？如果有优点，要及时表扬。另外，别的学生在干吗？别的学生也需要认真地倾听，看他的展示跟自己所想的是不是一致，如果不一致的话，应该提出自己的看法。这才是展示。

第三，要注意展示的逻辑顺序。这点太重要了，为什么要注意逻辑顺序？比如讲《关雎》这首诗，老师有三处展示：一是录音朗诵展示，二是展示《诗经》的背景，三是展示歌唱。这三个展示有没有逻辑关系？其实我觉得这个展示逻辑关系是有问题的。为什么说逻辑关系有问题呢？你展示的主要目的之一就是：让学生有得，学到东西。怎么让学生学到东西？一个关键是学生有发现，最根本的是让学生有思维上的突破。我多次强调，"五多课堂"必须是思维的课堂。

请再思考放音乐的目的是什么。放音乐的目的是让学生感兴趣。到最后放还是一开始放？如果放到最后，课都上完了，你再激起他的兴趣，这不是本末倒置吗？那么，应该是放在前面，让学生感兴趣。《诗经》可以歌唱，我们要不要学？录音的展示起到一个榜样的作用，如果学生读得不好，听听录音如何读的，让他们模仿学习。

再说背景知识的展示，这个地方特别重要，你展示的目的其实很简单，你就是想让学生知道:《诗经》的表现手法是赋比兴，语言形式是重章叠句。你这堂课的重点就是教这个。而本堂课你教的方式出了问题，什么问题？你的教不是建立在学生学的基础之上的，而是生硬地塞给他们的。

今天英语课讲得很好，他讲 13 到 19 的时候，说都有 teen，对不对？这就是展示的目的，让学生发现，发现规律。《诗经》写窈窕淑女，写关雎干什么呢？不知道？不知道好，老师告诉你，这就是比兴，不就明白了吗？你讲重章叠句，为什么写"参差荇菜，左右流之""参差荇菜，左右笔之"？这是什么？这就是重章叠句。另外这么短的诗歌要争取把它背下来："关关雎鸠，在河之洲。窈窕淑女，君子好逑……"诗歌上完了，检验上得好不好最大的标准是能不能背下来。我有个很偏激的观点：这么短的诗歌，诗歌上完了，还背不下来，教学是有问题的。你让学生花这么多时间，效率体现在什么地方？

第四，在情境中展示。我们去东方红小学，他的英语课就是设计情境的课。我觉得上一次唐芬芬老师上数学课，也用了一种情境。所以，在这里我再一次讲，咱们"五多课堂"展示，就是情境展示。比如英语课上，在游戏中学，在玩耍中学，这样的情境教学很值得提倡。小朋友就应该在玩一玩、游戏中有所得。我看三年级的英语课，学生积极性特别高，既然特别高，老师可以稍稍提高一下教学目标，有些不需要识记的单词不妨记一记，比赛一下，这就是学情的问题。这个班的孩子，在英语课上特别活跃，如果语文课能像英语课这样，我就放心了。但是，对语文我很不放心。我是研究语文的，对咱们学校的语文课，我很不放心，还没听到一节让我满意的语文课。这很不应该，所以教研组长要好好反思，老师好好研究，语文课怎么按"五多课堂"理念来上，怎么像英语课那样让学生有积极性。

第五，展示要处理好个别展示与集体展示的关系。什么时候集体展示，什么时候个别展示，我们要研究。集体展示重在营造氛围，创设情境。最重要的还是个别展示。

今天给老师讲的是展示的话题。总之，在我们努力之下，把课堂建设好，实现大家共同的梦想。

去乡村学校，有点像唐僧去西天取经，一路坎坷，一路艰辛。但一路上磨炼了心智，提升了管理能力。课堂，需要秩序，但不能只谈秩序。"一事精致，便能动人"，三年的乡村学校课堂教学指导，换得的是一生十分宝贵的精神财富。

育人思想在课堂赋能

教育的目的在于让人变得更美好。办学的宗旨，亦如是。

我为学校提出了"一点教育"，就是要教师高尚一点、纯粹一点、无私一点、诚信一点，让学生自主一点、自由一点、发展一点、个性一点。

教师要言传身教，知行合一。教师，就是教育的最好榜样。学生在潜移默化中，不断趋向真善美。我希望看到教师知书达理，做正人君子，希望他们在教学上精益求精。我希望我的学生，自信、阳光，走上自我发展之路。

欠身鞠躬和一声"老师好"的问候，是在凡龙圩学校碰到每一名学生时都会有的礼遇。懂礼貌，对这些农村孩子来说，是一个颇为难得的教育效果。当"第一校长"带来的一系列由外而内的制度建设和改革措施，让凡龙圩学校的教风、学风在一个学期内就变了样：教师有了精气神，愿意并专注于工作了；在激励机制下，紧迫感、自觉性加强了，上课认真了。学生在学校逐渐浓郁的文化氛围中，变得有礼貌，爱读书，课堂上敢回答问题和展示自己了。

在 2017 年上学期进行的期末教学检测中，凡龙圩学校在全县九年一贯制学校中进步幅度排名第一。更受鼓舞的是，我诚邀家长监督学校教育和学校发生的变化，让家长们有了信心：一年后学校六年级毕业生基本都留下继续读初中，而以前是要流失掉一半的。

我从县教育局为学校争取了重建校门和新增多媒体教室的资金。本着"不轻易向局里要钱"的原则，我又向社会寻求帮助：建立了凡龙圩教育基金会，用以奖励辛勤工作的教师和品学兼优或进步较大的学生；通过自己市民盟成员的身份寻求资助，为学校图书室充实了1000余册图书和许多书架。

让农村孩子也能像城里学生一样拓展兴趣、多样发展，是我一个强烈的意愿。于是在学校组织成立了"凡之声"合唱艺术团、"龙之形"书法美术社团和"圩之美"文学舞蹈社团，这些兴趣培养在永州市的乡村学校都创了"第一"。每天都有各种文艺、体育活动内容，使绝大部分在校住读的学生课余时间充实起来。

学校的每一处细节，每一次活动，我都要体现出教育的美好姿态，心中始终装着"如何让孩子们更美好"这一终极目标。

乡村校长的三年，是最累，也最开心的三年。我站在校长的角度去思考问题，跨学段与学科去研究课堂，这些优势是普通老师难以具备的。也正是占据这样的优势，让我对课堂有了更深的认识，对教育有了更强烈的了解。以后的课堂，我始终站在育人的角度去思考问题，提出了"时时育人、处处育人"的思想。但凡听过我课的老师都有这样的共识：无论遇见怎样的学生都能调动起他们的积极性，学生在课堂上一定会有进步。说到这里，不由得想起一个教学故事。

一次我执教《最后一次讲演》，课堂上，我请一位男生模拟演讲。

没想到这位男生始终不开口，站在那里垂头丧气。公开课的氛围，一下子被浇灭了。按照"五多课堂"的理念，我是必须让这位学生有改变的，因为这是最真实的学情。

怎么办？我从站姿上给学生做示范：抬头挺胸，眼观前方。这个简单的动作，倒是不难。学生照着我的样子，稍稍抬起了头，身子也挺直了不少。难就难在，他还是三缄其口，显得十分为难。我问他："为何这样？"他轻声说："我不敢！"于是我鼓励他说，任何人都有一个从不敢到敢的过程，想当年老师都不敢到讲台上去呢。他的神情似乎有点缓解，但这样的话并不能真正起作用，他只是耳语一般地挤出几个字——"这几天，大家晓得"。

于是我问台下的学生："闻一多先生演讲时，有哪些观众？"他们说，有特务，有记者，有青年学生。我趁机说，这么多人，说话声音要大还是小？学生们应声而答："大！""你再试试？"我微笑着对他说。

"这几天，大家晓得"，声音突然大了起来。"面对着那么多观众，我们的声音可以再大点。"我继续微笑着说。

"这几天，大家晓得"，洪亮的声音回响在报告厅。学生们响起了掌声。

有老师问我为何可以让那位学生开口说话，她曾经也遇到过类似的情况，却没有成功。

我当时以"也许是我幸运一点"的理由来回答了她。因为我自己也说不出更好的原因。

一日我把这段视频发给好友谢友元老师，他看后激动地说："这就是看得到人的课堂。"我仔细一想，确实如此。我们经常说多鼓励学生，怎么鼓励呢？说要多爱学生，怎么去爱呢？

教学是一种行为，更是一种情境。让不敢说话的孩子能说话，光靠"孩子，你大胆点，不要怕，有什么好害怕的，不怕，不怕"这样的所谓鼓励的话是不能真正改变学生的。

他为何敢说话了？也许是因为我把他带入了一种情境之中。教育是一种唤醒，唤醒不是靠直接的语言来唤醒，而是依靠情境。学生不敢说话，因为他把自己置身于情境之外，他拒绝一切的表达。而老师需要做的，是把他拉进情境之内，让他觉得自己也是其中一员。我的成功在于，通过与其他学生的对话，营造一种教育的在场感，让他有了主人公意识。他认同了自己，克服了畏惧与陌生心理，所以他就开了口。教育需要情境化，而不是简单的几句鼓励的话。

正是因为有了育人的思想，我的课堂总能看到不一样的风景。

课堂教学需要沟通力，校长岗位上锻炼了这样的沟通力。对任何教师你都要有耐心，要控制自己的情绪，不要与无理的教师发生争端，要站在教师角度去统筹工作，等等，不一而足。

因为当校长，所以要有宏观的设计力，这对课堂教学设计也大有裨益。学校要讲文化，讲管理，课堂何尝不是如此呢？所以，我的课堂呈现出尊重的文化，我的课堂重在民主的管理。

"我见青山多妩媚，料青山见我亦如是"，教育是一种回应。专业成长，亦如此。不同的部门，不同的职位，都有利于教师的专业发展。"干一行，爱一行"，爱的过程就是提升的过程。"自我驱动—深刻反思—及时梳理"，从感性走向理性，从零散集走向系统，长年累月坚持下去，小树终将会参天。

理想课堂在乡村构建

2019 年 12 月 13 日，这是我教育生涯上具有里程碑意义的一天。蓝山县职业中专多媒体报告厅里，共 400 多名高中、初中、小学语文老师隆重集会，他们热情高涨地参加蓝山县教育局为我主办的"五多课堂"研讨暨吴春来老师语文教学观摩活动。我一直有这样一个梦想：开一场属于自己的课堂教学观摩会。那一天，梦想成真。县教育局赵永旺局长跟我说，因为名额有限，一位老师特意给他发信息，希望能来听课。那一天，走廊外都站满了人。老师们用心记录下当天上课的真实场景：

小学课堂有真心

吴春来老师执教的《枫桥夜泊》犹如杏坛中的一股清流，没有课前的彩排，没有刻意的雕琢，没有华丽的开场。在吴老师的课上，摒弃了所有矫揉造作的形式，返璞归真，行云流水，在朗读中拉近师生距离，在朗读中调节紧张气氛，在朗读中领悟诗歌意境，带着老师们探寻语文课堂的本真生命。他用激情点燃学生的激情，关注语文核心素养，在看似随意实则匠心的引导中引领学生徜徉于诗歌的殿堂。他对学情敏锐观察，鼓励学生多提问、勤思考、敢表达，毫不吝啬地给予学生热情真诚的表扬，将人文关怀与学科知识完美融合于课堂教学中。课堂中最精彩的环节是，学生在老师的鼓励下，提出了七个问题，吴老师巧妙机智应答，用"欲穷千里目，更上一层楼"的寓意，教会学生诗歌语言，从而让学生领悟"月落乌啼霜满天，江枫渔火对愁眠"中的意境，赢得在场老师的阵阵掌声。

让我们感动又佩服的是，吴老师做到了真正以学生为中心，他善于鼓励每一个孩子成为课堂的主角，他珍惜第一个勇敢举手的孩子——城北湘威实验小学五年级一班彭子豪同学，耐心指导他朗读，给了这个孩子五六次展示自我的机会，从朗读诗歌读错字音、没有节奏、没有感情到发音标准、正确读出节奏和情感，让他成为了这堂课的明星！这是怎样的人文情怀！而这堂课对于男孩的成长无疑将是莫大的动力和希望！

初中课堂彰慧心

没有精美的课件，没有动画的陪衬，没有音乐的渲染，唯有一支粉笔、一块白板，学生们全神贯注地朗读和争先恐后地举手……在吴春来老师的课上，他在白板上写了一个"水"字，引发学生的思考，同学们踊跃地把自己的所思所想写在白板上。开放性的课堂，发散了学生思维。他倾下身子，用耳朵倾听学生的独特感受，引导学生从"水的状态、水的味道、水的作用、水的方向、水的位置、水的精神……"去联想，学生们跟随着吴老师的"点拨"，从不敢说到敢说，再到爱说，由浅入深，由理解到运用。这样真实的课堂深深地触动了我，真实是一种力量，是一种最能打动人、感染人的力量，真实的背后是吴老师的学养和自信。

高中课堂显匠心

高中作文一直是困扰学生的一大难题，审题问题尤其重要，吴老师执教的《高考作文审题的三个维度》，把整个示范教学活动带到了新的高潮。吴老师巧妙地应用2017—2019年高考作文试题，作为整个课堂教学的材料，先让学生读材料，然后教给学生阅读的方式，让学生去发现作文中存在的一个个问题。原来高考作文审题，不但要明确"我是谁""写给谁"，还要提炼材料，寻找材料中的中心观点。学生们听了吴老师的课，顿时有"拨开云雾见青天"的豁然开朗之感。

吴老师启发诱导，学生全身心参与课堂，精彩对答，让人为之一振，不禁为吴老师的才情横溢所震撼。他循循善诱地讲解了高考作文审题的三个维度——"明确对象""我是谁""提炼观点"，多次重点强调从材料中来，到材料中去，观点一定在材料中。同学们豁然开朗，在场听课的老师们如沐春风。

"吴老师的教育情怀和教学艺术，对我们永州市的老师无疑是一次精神上的引领和行为上的示范。"永州市教育局党组成员、主任督学杨兰荣先生高度赞誉我。他说："正是因为吴老师爱学生，有根本，重积累，才让他的课堂焕发出独特生命力。"

来到凡龙圩学校，我提出的"五多课堂"衍生出"尊重"

"教学秩序""时时育人、处处育人"等重要观点；而在蓝山的三节示范课，是第一次对外的展露，赢得了老师们的认可。

我追寻的理想课堂，就是希望老师们从"自我封闭式教学"状态中解放出来。

当了多年的教研员，我在全国各地以及湖南本地听了不少课，发现很多课堂呈现出来的都是一种"自我封闭式教学"状态，学生得不到解放，教师累、学生苦，教学效率低。凡龙圩学校的课堂亦如是。

教师的"自我封闭式教学"具有以下几个特点：

罔顾学情，教师一"讲"到底。不管什么课文，不管什么班级，都是教师一个人讲，学生被动听，他们只要做好笔记即可。有些教师不敢放手，担心学生什么都不会；有些教师不能放手，害怕学生会生出什么"乱子"。于是，只有一路讲过去，才能心安理得，算是圆满完成了课堂教学任务。

问题导航，教师一"问"到底。不管学生状态如何，预设若干个问题，课堂上以教师的问题引导学生，也不管学生真懂还是假懂，只要把问题问完就万事大吉。一节课，学生就是围着教师的问题转。

过度预设，教师一"放"到底。把课堂设计成几个板块，每个板块精心设计若干张幻灯片，如果课堂上出现新情况，教师或巧妙地或笨拙地把学生的思维拉扯到自己的预定轨道上来，一起完成幻灯片的播放。

对于这样的现象与弊病，华东师大叶澜教授曾经有过一段论述。她说："教师是每日课堂生活的主宰者，学生是教师意志的服从者。当然，在课堂上也有一些教师会要求学生上课时提出问题，发表不同的意见，进行独立思考等，但最终大多还是纳入教师预设的框架；他们会要求学生积极主动地学习、理解规定的和现成的知识，但很少让学生自己去寻求知识、发现问题，创造解决困难的方法，去独立面对一个陌生的世界，一个生生不息的世界。"叶澜教授的话戳到了课堂的痛点：学生的思维没有得到发展，学生的主体地位并没有真正得以体现。

如何让学生成为课堂的"主人"呢？把教师从自我封闭状态中解放出来，构建面向全体学生自我发展的开放式课堂——"五多课堂"。

"五多"旨在让课堂回归到原本的样子。

在这里我必须阐明一个观点：课堂就是课堂，根本不需要任何词语来修饰，但因为很多课堂偏离了该有的样子，所以才有了"五多课堂"的提法。"五多课堂"旨在揭示课堂教学的基本规律，让课堂回归到原本的样子，以求解放教师、解放学生，切实提高课堂教学效率，提高教育教学质量。

一位老师听完我的课后，写下这样的感悟：

听了春来老师的授课，简直颠覆了我以往对语文教学的认知，今天的课就像是茫茫大海中的灯塔，让我一下找到了前行、努力的方向，真是庆幸在这个时间节点听到吴老师的课啊！我是今年9月才入职蓝山祠市中小，任教三年级语文，之前也没有任何的从教经验，所带的班级之前是年级的"定海神针"，一直居年级倒数第一不动摇。我每天都想着给孩子们多讲一点，多做一点，恨不得天天在班上守着。因为不能让学生买教辅，三年级的孩子抄题也慢，所以我买了各种资料，每天都要筛选一些习题，手写后复印了再发给他们做。就算这样，期中考试才考到年级中间位置。今天听了春来老师耳目一新的授课方式，我顿时茅塞顿开。"授人以鱼，不如授之以渔"，教授孩子学习方法，把课堂还给孩子，让孩子提出问题、解决问题，这种方式比起"填鸭式"教学，孩子的参与度更高、获得感更多，学习的兴趣也在这当中慢慢培养起来了。回到家后我也认真反思了自己这三个多月的教学工作，我需要改变、完善的地方还有很多。

课堂是可以改变学生的，也是可以改变老师的。我的课堂主张，真正落实起来，离不开三大要素：第一要尊重学生，第二要有教学机智，第三要有丰厚的学养。这就是为何"五多课堂"可以促进教师进步的重要原因。要想真正做到"五多"，老师一定要去多读书、多思考，不断提升自己的应变能力，这正是教师成长的必由之路啊。

感谢三年农村支教的经历。换一种视域，跨学段与跨学科去审视课堂，你会看到另一番景象。

我还在路上。课堂的最高境界就是人的最高境界，你生活的样子很可能就成了你课堂的样子。

修炼六

提炼中成长

我们不是思想的搬运
工，而是思想者⋯⋯

导 / 语

我一直在路上。

在教育之路上，我是实践者。如果要问我有什么可以给年轻教师们讲讲的，便是我的"一体两翼"语文教育思想和"五多课堂"教学思想。

也许有老师问，你是如何做到的？我想说的是：实践、实践、再实践，思考、思考、再思考，写作、写作、再写作。而这一切都需要去提炼，提炼的过程就是进步的过程；没有在课堂上的酸甜苦辣，就很难有思想上的蜕变与进阶。

这是教师专业成长之路上绕不开的话题。

教育思想提炼"五步法"

2019 年，我在清华大学参加湖南省第二批教师培训师培训。在培训快要结束的前夕，团队导师黄佑生老师给我们布置了一项任务：人人都要提炼自己的教育思想或培训思想。学友们顿时炸开了锅，有的在发牢骚，有的在埋怨，有的在叹气，总之，能接受者，寥寥无几。当时，我在想：我有教育思想吗？我的教育思想是什么呢？清华园的夜空，星辰闪耀，而我思想空空。那一夜，我一次次叩问自己。时光与我一同失眠。第二天清晨，黄老师在群里留言：

1. 为什么要开展教育思想或培训思想考核？

教育思想或培训思想是培训师的标识。没有自己的思想，我们不过是搬运工、二道贩子。培训，是术与道的融合过程。没有思想，培训就没有灵魂。

2. 什么是思想？

思想是客观存在反映在人的意识中经过思维活动而产生的结果或形成的知识体系。

3. 思想有哪些特征？

独立性：独立，独特，独到，独创，独家。

价值性：可传播，可供借鉴，可指导实践。

实践性：实践中产生并经实践检验（做出的"思想"）。

批判性：经过科学理论反复验证和完善。

这是他临时写的，希望给学友们一点参考。而我思考的是：教师要不要有思想？教师一定要有思想。我曾经说过这么一句话："我们做不了思想家，但一定要做一名思考者。"有思考，才能有思想。

陕西省教育厅教师工作处王彬武先生说："当教师不再是知识的'搬运工'，不再是思想的'传声筒'，不再是提高成绩的'训练器'，教师就需要将自己的博学慎思和笃行策略变成自己的思想和主张。没有思想和主张的教师是'空心'的'教书匠'。有了思想和主张，就有了独特的教学风格和卓越的教学艺术，有了对教育规律的深刻把握，有了敏锐的时代洞见，也有了笃定担当的教学勇气。"

纵观我们周围，多少老师可以做到如此境界？曾经陪同吴非先生游览柳子景区，他说："我时时刻刻都在思考，离开了思考我不知如何去生活。"吴非先生是教育思想家，首先在于他对教育的深刻的思考。思想是什么？《现代汉语大词典》解释为：想念，怀念；思维的条理脉络；念头，想法；思想意识……那么什么是教育思想呢？教育思想，应该是对教育规律的深刻把握与洞见。有教育思想的老师，一定遵循教育规律去办事，而不是背教育之道而驰。想着这些，接下来的几天里，我试图去梳理起我的教育思想。当时头脑混乱，一会儿冒出一个想法，将它推翻；一会儿提出一个观点，把它否定。思来想去，在自己的语文教育领域着力，尝试着把多年来的教学实践进行了提炼：我在做什么—我是如何去做的—做得如何—给做法取个名字—把做法提炼成方法。

┃ 我在做什么 ┃

这么多年来，我一直主张让学生们多去读书，尝试着构建自己的语文观。语文，它是清风明月的诗意人生，它是山清水秀的田园风光，它是诗人出塞的豪情，它是剑客跃马的痴狂，它是悲天悯人的济世情怀，它是仰天出门的洒脱身影，它是精神的图腾，它是生命的歌唱。语文课堂，我常常引导学生通过咀嚼品味语言文字的方式，触摸言语生命的体温，感悟作者丰沛的情感，走进作者复杂的内心，置身语文美妙的世界，从而引发情感与思想的共鸣，最终培养学生的语文素养。然而凭一两节语文课就能把语文学好的神话是不存在的，所以，我坚持开展系列语文活动，把语文学习引向更广阔的听、说、读、写的天地。

┃ 我是如何去做的 ┃

坚持课前五分钟演讲教学，让每一位学生都能勇敢地登上讲台，去施展自己的才华。记得一位姓杨的学生，生性内向、不善言辞，第一次上台，傻傻地站在讲台上说不出话来。

后来，我经常鼓励他，给他发言的机会，有时也去激励他，让他认识到自己的弱点。几个月后的一节语文课上，他自信地登上了讲台，激情澎湃地谈论班上的有关情况，赢得了同学们的热烈掌声。有一学生说，老师，您成功了。是的，如果语文课堂上，让一位不敢在公开场合说话的学生能大胆地说出自己的想法，当这样的老师是幸福的。一节晚自习课后，他递给我一张小纸条，上面写着：老师，认识您，真好。当时，我也想，有这样的学生，真好。

坚持让学生写周记。学生进入高中的第一天，我就让他们每人准备一个周记本，写作时不受文体、字数限制，自由写作、放心写作，把写作的权利真正交还给他们。周记，也是我跟学生情感交流的桥梁，读着他们真诚的有喜亦有忧的文字，充分感受到了语文教师那份独有的快乐。坚持创办班刊《雏凤清声》，把有思想有个性的周记，刊登在班刊上，让大家共同学习、欣赏。每当学生进步时，我会在"编后语"上写下诸如此类的话："读着唐艳珍同学如水般的文字，我很欣慰，因了她的进步，因了她对文学的热爱。套用他人一句话，你们若进步，便是晴天。"一位考上北京理工大学的学生来信对我说："三年了，您于我而言，亦师亦友。记得高一时您把我的一首周记本上的诗印发给全班同学，从那时起，我爱上了语文，尽管我学的是理科，可文字是我最大的爱好。高中三年，您是我最敬爱的老师，以后仍是。现在我毕业了，再也不会有人来让我写高考作文了，但是我仍深爱着文字。偶尔写写，想起您的谆谆教诲，心中谢意难以言表。在此我想说，您是我一生的，永远的老师，作为您的学生，我敬您！爱您！"

读到这样的文字，我心怡然。

坚持每月开读书报告会。当认识到读书对学生的重要性后，每周的语文晚自习辅导，我要求学生不做题，专心读书，平常会摘选报刊上的精美散文印发给他们阅读、品赏。此外，我建议成立班级图书馆。我带的高377班，高二时，他们每人至少要购买图书一本，然后通过读书报告会交流阅读心得。以下是他们在高二一学年阅读的书籍（杂志）：

1.《万水千山走遍》；2.《让中学生心灵震撼的美德篇章》；3.《理智与情感》；4.《稻草人手记》；5.《日夜书》；6.《了不起的盖茨比》；7.《格列佛游记》；8.《以眨眼干杯》；9.《莎士比亚悲剧集》；10.《邦斯舅舅》；11.《你是人间四月天》；12.《福尔摩斯探案集》；13.《幻夜》；14.《繁星·春水》；15.《三国演义》；16.《变身》；17.《假如给我三天光明》；18.《嘉莉妹妹》；19.《呼啸山庄》；20.《我的一生》；21.《名人传》；22.《安娜·卡列尼娜》；23.《城南旧事》；24.《少年维特之烦恼》；25.《大卫·科波菲尔》；26.《爱的教育》；27.《百年孤独》；28.《家》；29.《钢铁是怎样炼成的》；30.《格兰特船长的儿女》；31.《简·爱》；32.《昆虫记》；33.《基督山伯爵》；34.《千年一叹》；35.《童年》；36.《茶花女》；37.《行者无疆》；38.《八十天环游地球》；39.《偷影子的人》；40.《三个火枪手》；41.《我的大学》；42.《汤姆·索亚历险记》；43.《红与黑》；44.《在

人间》；45.《红楼梦》；46.《生如夏花》；47.《朱自清散文集》；48.《人间词话》；49.《欧·亨利短篇小说选》；50.《青年文摘》；51.《战争与和平》；52.《小王子》；53.《海底两万里》；54.《傲慢与偏见》；55.《徐志摩诗选》；56.《病隙碎笔》；57.《朝花夕拾》；58.《猎人笔记》；59.《罗生门》；60.《马克·吐温小说精选》；61.《堂吉诃德》；62.《水浒传》；63.《复活》；64.《莎士比亚十四行诗集》；65.《围城》；66.《雨果诗集》；67.《汤姆叔叔的小屋》；68.《生活如此无奈　你要足够淡定》；69.《双城记》；70.《方圆之道》；71.《西游记》；72.《悲惨世界》；73.《骆驼祥子》；74.《高老头》；75.《鲁滨孙漂流记》；76.《巴黎圣母院》；77.《契诃夫短篇小说选》；78.《卡耐基的成功之道》；79.《一生》；80.《经济学》；81.《天竺心影》；82.《演讲与口才》；83.《呼兰河传》；84.《狼图腾》；85.《神秘岛》；86.《老人与海》；87.《人间的事，安拉也会出错》；88.《切·格瓦拉传》；89.《念楼学短》；90.《不能承受的生命之轻》；91.《飘》；92.《父与子》。

▍做得如何 ▍

记得 2013 年 3 月，我带的班级举行了最后一次读书报告会，学生们以饱满的热情投入其中。主持人侃侃而谈，应对自如；分享者自信满满，口若悬河。当时主抓基础教育的教育局副局长李谋韬先生，激动地走上讲台，发表了一番激情洋溢的演讲，他高兴地说："没想到高考前夕还能看到如此精彩的读书分享会，你们这群人真的了不起。"据不完全了解，这个班的学生大学毕业后在各自岗位上都取得了不凡的成绩。实践证明：读书报告会既锻炼了学生的口才，也拓宽了学生的视野，更激发了学生读书的兴趣，提升了他们的素养。

给做法取个名字

按照这样的逻辑思路，我提炼出"一体两翼"的语文教育思想。一体即阅读为主体，两翼即文才与口才。阅读为输入，文才与口才为输出。通过阅读的输入，促进思维，陶冶心灵，丰富底蕴，提高审美情趣，积累读书方法，构建属于自己的话语体系与精神世界，为输出打好基础。"一体两翼"语文教育的终极目标是：学生出口能成章，下笔可成文，走向真善美。

把做法提炼成方法

而这样的教育思想是要指导教学的，光有做法还不够，必须有方法。于是在阅读上，提出有思维的阅读和主题阅读；而在口才与文才上，提出训练学生口才主要培养学生讲故事和评时事的能力，训练学生文才主要是采取周记教学。因为汇报要 20 分钟，所以，我便把具体的做法提炼成方法，跟评委们一一道来。

阅读方面主要是开展有思维的阅读和主题阅读。有思维的阅读体现在课内，要求学生读好单篇的文章，学会思考。主题阅读指学生在老师指导下根据实际学情就某个主题进行深入、广泛阅读的一种学习方式。于漪老师说："就教学而言，精读是主体，博览是补充；就效果而言，精读是准备，博览是应用。一定要让学生'嗜书'，不'嗜'必然知识浅薄，视野狭窄。学生嗜书的感情不是天生的，靠引导，靠培养。培养学生的阅读嗜好，就等于帮他们找到源远流长的知识的泉眼，并且让学生在人类、社会、生命的层面上来学习语文。"主题阅读就是要学生博览奠基，唤起他们追寻真、善、美的情怀，最终构建起自己的精神家园。比如在执教宋词单元时，针对单元主题，专门指定阅读书目，确定了这样的主题阅读——"大江东去苏东坡""金戈铁马辛弃疾""梧桐夜雨李清照""白衣卿相柳三变"，通过对作者传记、经典诗词的阅读，学生对古典诗词阅读有了质的提升，同时唤起了对语文学习的热情。有了阅读的底子，必须以输出的方式内化、提升，于是口才训练与写作教学同步进行。主题阅读也可以读书报告会形式展开，要求学生写读书心得，训练文笔；也可要求学生将自己的阅读体会通过口头表达出来，这样既可以训练学生概括、联想等思维，也可以训练他们的口才。周记教学采取"自由阶段—欣赏阶段—模仿阶段—训练阶段—讲评阶段"五环节教学法。自由阶段，即鼓励学生不要害怕考场的条条框框，不管文章构思高低，不想开头与结尾精妙与否，不在乎字数的多与寡，"我"的周记"我"做主，只需要表达自己最想表达的思想，尽情去倾诉自己的喜怒哀乐就行了。在这片天地里，要做一个自由的人，没有羁绊，没有约束，没有教师评审的眼光。欣赏阶段，即及时给学生以鼓励，鼓励是作文教学的催发剂，这对于唤起他们写作的欲望，十分重要。模仿阶段，即模仿名家作品。朱熹曾云："古人作文作诗，多是模仿前人而作之，盖学之既久，自然纯熟。"郭沫若也说："我有一个写作秘诀，就是先看人家的书再写。"由此可见模仿的重要性。模仿是一种心灵感应，一种文字的行走；久而久之，就能熟能生巧，最后会像杜甫所说——"转益多师是汝师"，形成自己的个性，青出于蓝而胜于蓝。此阶段主张在多写的同时也要广阅读，"读书破万卷，下笔如有神"；读的时候，不妨尝试模仿。周记教学第四阶段，即训练阶段。当学生经过一定时间的周记写作后，老师应适时进行技法指导，毕竟周记写作也是一门艺术。适当的方法点拨，对于学生的写作提高是很有必要的。由于学生周记写作有了一定的基础，加上也有了一定的阅读量，就可以进行语言训练，联想训练，想象训练，审题、选材、布局、谋篇训练……当然文体训练也是必要的，记叙文、议论文、应用文，我们都可以让学生在周记中训练，然后加以指导。讲评阶段是最能提高学生作文水平的阶段，我曾提出"点—引—导—结"作文讲评法（《语文教学通讯》2010年第9期），主张四环节有效作文讲评。通过讲评，学生可以扬长避短、互通有无；若没有讲评，学生就无法知道自己作文的弱点，也难以欣赏到同学的佳作。作文讲评的最终目的就是让学生先明得失，再探寻解决问题的方法，最后提高自己的写作水平。周记讲评时，要让学生积极参与问题的发现和分析活动，这样才能碰撞出智慧的火花，才能让学生真正成为学习的主体，才能科学有效地进行周记教学，从而使学生作文更上一层楼。学生感受到了阅读的快乐，出口成章的幸福，还有无讳饰、无虚掩的为文之真。我也因之成为《中学作文教学研究》2015 年第 6 期封面人物。2017 年，我的周记教学案例被收录于教育部人事司原司长张仁贤主编的《厉害了我的老师们——数字时代的教师新视野》（2017 年 5 月中国轻工业出版社出版）一书，同时收录的作者还有著名特级教师余映潮、孙双金、薛法根、管建刚，而我是唯一一位高中语文教师代表。

教育思想考核会上，我作为优秀学员代表上台展示，合肥师范学院宋冬生教授和北京教育学院张端华教授对此皆给予高度评价，尤其是张端华教授点评时说：这个教育思想汇报我给满分。

这件事情后，我充分认识到，善于总结与提炼，是教师成长的重要能力。有些老师善于做，且做得好，但疏于整理与萃取，故而没有形成自己的教育思想。不过，我还想说：教育思想不是瞎想出来的，也不是靠剽窃而来的，更不是靠专家包装出来的，而是真干出来的。

凝炼教育思想是一次蝶变，过程痛苦，但收获甜蜜。

2023 年 11 月 1 日上午，我应冷水滩区教育局之邀为全区各中小学校长、教师代表 500 余人作《构建"一体两翼"阅读体系，推进学生综合素养提升》的报告，冷水滩区人民政府党组成员、副区长王付荣出席活动并讲话。全区将扎实推进大阅读教育工作，提升中小学语文素养。

　　教育思想得以传播并能起到很好的效果，才有意义；否则，只能是个人的专属。教育思想的意义在于普及大众，让更多人受益。在永州，不少老师在践行"一体两翼"语文教育思想，他们都取得了理想的教育效果，一位叫熊曼丽的老师曾得到过媒体报道。与此同时，我们也要看到教育思想提炼，走的无非是这样一条路：遵守规律—发现规律—提炼规律。

　　亲爱的读者朋友，教育之路上，我们得按规律办事啊。

教学思想提炼"三部曲"

　　我是实践主义者，坚信实践才能诞生出理论或者思想。但我从不排斥理论，相反，我一直以为理论是用来科学指导实践的。教学思想的形成是一件自然而然的事情，就如人之发育到了一定年龄就会突显第二性征。为了提炼教学思想而忽视实践教学的做法是很不可取的。

　　我的"五多课堂"教学思想是 2017 年提炼出来的，而它的提出有着 14 年的酝酿与实践。比较完善地形成一套体系，是在 2024 年。其间又经历了 7 年的实践。标志性事件是《新课程评论》的采访——《努力上一堂自己满意的课》。等会儿，我将一一呈现那次访谈，给读者朋友看看教学思想提炼的心路历程。

零散的教学主张让思想变得丰实

　　教学思想的提炼不是一蹴而就的，必须经过零散的教学主张的沉淀。在语文教学上，我曾经提出"语文的生命观"：

　　上课，上的是生命。用老师的激情点燃学生的激情，唤起学生生命的体验，语文课堂才能实现生命的狂欢。上课，要生动，要随心，要自然，要大气，不要拘泥于技巧，要营造课堂的言语场，让学生置身于生命的方舟，任意东西于文学与人生的精神海洋。

后来《中学语文教学参考》上刊登时修改成这样：

语文课改这么多年来，无非是要解决"教什么"与"怎么教"的问题。作为语文教师，我们不能忽略了语文最本质的东西——文字本身的生命特质。文字是有生命的，它以自身独特的语调、节奏，充分、适切地实现着言语生命之情感和气韵；藉由文字，我们亦能洞悉作品主人公的灵魂。所以，语文课其实是"生命课"——用老师的激情点燃学生的激情，唤起其生命体验，唯有如此，语文课堂才能真正实现生命的意义。

毋庸置疑，《中学语文教学参考》的表达更学术。教学主张，重在理性的阐述，而不是诗意的抒发。教学主张，来自经验。但不是所有的经验都是有用的，有用的经验都要经过反思的。后来我参加全国教学比赛，反思中反复提到"展示、激情、以学定教、教学相长"等观点，这些观点是日后"五多课堂"教学思想的重要组成部分。

教学思想好比一座房屋，必须有其整体结构。2017年，我做乡村第一校长时，提出"五多"：多到学生中去，多让学生展示，多让学生提问，多让学生思考，多让学生讨论。这些都是教学的具体形态。

但问题又来了，你讲"五多"，别人也可以讲"五多"，所以你的"五多"一定要有其独特性。于是我就想到了"五多课堂"的定义。只有明确了概念，才能成为独一无二的思想。2021 年第 12 期《语文教学通讯》（A 刊）刊发《"五多课堂"理论构建与实践》一文，比较完整地介绍了"五多课堂"教学思想。

一些零零散散的教学主张，经过岁月的沉淀，渐渐长出了思想，形成了教学体系。我们不要小觑了平时的想法，聚沙成塔、集腋成裘，大抵如是吧。

为更好地直观了解"五多课堂"教学思想，我将之以结构化的思维导图展示出来（见下页图）。

这都是一点一滴积累起来的，倾注了教学智慧与心血。亲爱的读者朋友，当老师不易，教育思想的提炼重在日积月累，没有捷径可走。实实在在耕耘，认认真真反思，坦坦荡荡为人，才是专业成长之正道。

▎ 课堂的现场展示让思想变得真实 ▎

有老师说："每一次教育改革和创新，都会经历破茧的努力和蜕变的喜悦！'五多课堂'最大的魅力是善于捕捉学生能力生长点，提升思维品质，让学习真实发生，我们的一线老师从'五多课堂'中看到教学改革扎实可行的方向，感受到了蜕变前行的动力！"我来自一线，深深知道：任何的理论

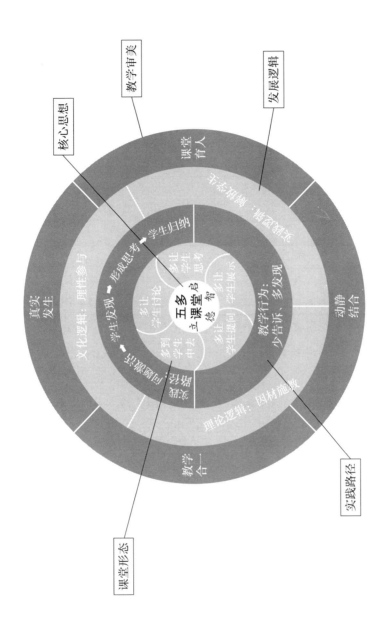

教学审美

发展逻辑

核心思想

课堂育人

真实发生

课堂形态

教学合一

实践路径

动静结合

五多课堂

都要转化为教学生产力，让老师们能真真切切地看到课堂的模样。只有让老师们看到，理论才能焕发出鲜活的生命力。

2023年4月22日，"五多课堂"教学观摩活动在永州举行，各县市区教育局有关负责同志以及名师代表240余人会聚一堂，观看我执教的小学、初中、高中三堂示范课。示范课很成功，不少学校表示要开展"五多课堂"教学改革。思想一旦诞生，就要服务于教学；否则，思想没有多大意义。宁远一中李苏芳老师记录下那天听课的感受。

等待一场盛景，正如天青等待一场烟雨。

等待，在雨中。湿软晨曦里，永州市蘋洲小学的校园，人们冒雨前行，奔赴一场教育的集会。此刻，远山如黛，修眉新绿；清江似碧，温润如玉。烟雨是天空新酿的绿蚁，把莽莽大地醉冶成青色的瓷盏，莹澈清透，每一寸肌理的纹络，都在颤落春光。

潇湘奔涌，流青欲滴。没有哪一刻比仰望烟雨初霁的青天，更让人内心空灵澄净，清雅淡泊。"群而有集，青出金石"，那漫天梦幻的群青色，辨不清是偏蓝、偏绿，抑或偏紫，丝丝缕缕，包罗万象。它悠远，宁谧，是天空谱写的交响曲，气韵流转，余音徐歇。诗人说："如果我用浓雾写诗／请读我以满山的清风明月……如果我用龟裂的大地写诗／请读我以丰沛的雨水"。

"雨过青天云破处，这般颜色做将来。"读你，以仰望天青的姿态，透过空蒙清丽的湖光山色，读一个教育人以智慧与思想为练泥，以深情和大爱为锻造的炉火，千凿万磨铸就的传奇。

蘋洲小学的授课讲堂里，吴春来老师，这位"五多课堂"理论构建与倡导者，以《竹石》《外国诗二首》《高考作文审题的三个维度》这连续三节课，贯通小学、初中、高中三个学段，尽情演绎着"五多课堂"的瑰奇。那是一场"文以载道"的情理交会，一次"思接千载、视通万里"的逻辑认识，更是一次个体生命的人格建构。窗外，天青若洗，漪漪如烟；窗内，座无虚席，课堂如水。水流无形，万千气象。只见得引入时，如"风乍起，吹皱一池春水"；推进时，如"风行水上，自然成纹"；安静思考时，是潜义伏理的静海流深；讨论展示时，恰如汩汩滔滔汹涌澎湃的大河大江。观摩课堂的人们沉浸其间，共同见证着潇湘大地上一种新时代理想新课堂的勃发与生长。

　　"色授魂与，心愉一侧。"世人喜爱流连于物的表象，正如"五多课堂"一问世，便引来人们"心有戚戚"的契合感："这正是我思索多年而未曾言说未曾记载的课堂……"也许，这样的契合，就像人们仰望烟雨初霁时那迷幻的天青，在那缤纷丰富的群青色里一一找寻着最为熟稔的颜色。无论是"苔痕上阶绿"的草绿青，"客舍青青柳色新"的杨柳青，破晓时分迷蒙的蓝里透着一点白的东方既白，还是竹子新生的青绿，沧浪之水奔涌的碧蓝……人们辨认着，惊喜着，亲切着，契合顿然而生，恍若"五多课堂"是多年便铭刻在内心深处的老友。

　　然而这终归只是看到了"五多课堂"的皮相。

　　"五多课堂"不是一种具体的教学流程，不是一览无余的单一色彩，不是一种偏义的质感，不是一管一弦所能弹奏的音符。作为一种独立而丰富的教育思想，"五多课堂"不拘学科，不论学段，是教育规律的自觉观照，是理想课堂的价值追寻，是立德启智的逻辑构建。"五多课堂"质朴而又绮丽，素淡而又刚正，简约而又博大，平易而又厚重。正像这雨后初霁的群青色，你无从定义它幻化万千的色系，无法描摹它瞬息万变的形态流转，无法悟透它神秘莫测的玄妙。人们对"五多课堂"油然而生的亲切和契合感，正在于人们内心深处对课堂的种种美好期待，恰好都可以在"五多课堂"里清晰觅得。"五多课堂"，静默如雨后的天青，要探寻其骨相，须得越过烟雨，细读天空译成的这一行行青色语言。

静海石磬，蕴生于容。"五多课堂"的精神底色，满蕴着抱砾珠贝的"容"的仁爱。

有一种清莹秀澈的青色，它淡雅、皎洁、柔和，让人的内心也变得灵慧、冲淡，那是"清夜无尘，月色如银"的月白色。如果课堂有光影，那一定是天心月白的颜色。太阳的光芒始终太炽热了，让人不敢靠近，不敢直视。课堂里，那些自诩为太阳的老师并不能走进学生的内心。而月光呢？它把炽热的内心层层包裹，潜藏，退隐，不争，谦让，却又始终以清凉如水的温度，萦绕着，陪伴着。万物舒展时，它退；黑暗降临时，它又以明亮而不耀眼的光芒，洗濯迷雾，带来平等生机的柔软之"进"。

正是这种神性而悲悯的明媚与柔软，赋能"五多课堂"在"有教无类，因材施教"的教育规律上，创造性地形成了"容"的精神底色，那便是"有教有类，因类施教"的相容相扶。

"五多课堂"的"容"，是大海不择细流的博大与宽广。课堂里，任何一个学生都是一个独立而丰富的个体生命。承认学生的差异化，更好地认识到学情的差异化，从而分类教学，因类施教。学识素养的陶冶，人格秉性的锤炼，能力的提升，境界的拓展，情怀的涵养……"五多课堂"任学生从各个支流扬帆起航，汇聚到一个"求真、求善、求美"的总方向，到达"知行合一"的彼岸。

"五多课堂"的"容"，是珠贝对砂砾的容让与仁爱。任纷扰的砂砾翻滚腾挪，任尖锐的棱角把血肉割破，老师对每一位学生只是选择爱和智慧的容纳。多到学生中去，多让学生提问，多让学生展示，多让学生思考，多让学生讨论，"五多课堂"的每一个主张都饱含着谦和与仁爱。课堂里，老师始终微笑与激情同在，正如一道柔和的月光。当学生的光芒被点亮，在自由、开放、民主的课堂里尽情舒展、欢欣徜徉时，老师选择退隐在身后。这样的退隐，是"水善利万物而不争"的智慧，是"圣人无常心，以百姓心为心"的明达，也是月光对白昼的爱的成全。唯有"不争"，才能始终以"学生"为中心，实现全体学生的自我发展。然而，当学生迷茫、阻碍、凝滞、止步时，老师适时出现，就像暗夜里穿透昧惑与混沌的月光，导引学生走出困顿与迷茫。

洛夫说："如果我用爱意写诗／请读我以同一频率的心跳"。课堂上，当初一年级的学生对弗罗斯特的《未选择的路》这首哲理诗的理解陷入迷境时，吴春来老师以诗解诗，用组诗《山高路远》《假如生活欺骗了你》创造性地给予人生选择以最完美的答案：

假如生活欺骗了你／不要悲伤／不要心急……

双脚磨破／干脆再让夕阳涂抹小路／双手划烂／索性就让荆

棘变成杜鹃／没有比脚更长的路／没有比人更高的山……

那一天，人们分明在孩子们清越沸腾的朗读里看到了一颗颗珍珠那莹澈的光泽，柔和的白中透着一点点淡淡的蓝，如水，如月。那一天，人们更深地读到了一个教育人在课堂里深情耕耘的理想。人生，很多时候不在于你选择了什么，而在于选择后的坚定和无怨无悔。一株立根破岩不惧荒芜的青山翠竹，一种千磨万击从容坚劲的教育思想，诞生于乡土的"五多课堂"，用仁爱和包容拥抱乡土的干涸与贫瘠，回报广袤大地以教育的繁荣滋长。

光影成景，递进于融。"五多课堂"的哲学底蕴，厚植着鎏金清透的"融"的智慧。

"天之苍苍，其正色邪？其远而无所至极邪？"两千多年前，庄子仰望苍天，慨叹于宇宙的浩渺，探寻着宇宙的本色。"阴阳三合，何本何化？"屈原仰望青天，想要寻求宇宙的本源。人类有太多智慧源于对天地自然的观照和审视。然而，这样的追寻，是无穷无尽的追寻，无从定义，没有答案，才是更好的答案。两千年后的今天，当我们仰望这烟雨过后的青天，月白，沧浪，天青，暮紫……这分明是千万抹殊色的融合，而正因为其融合万象，生命的色彩也有了千万种独特。

"五多课堂"作为一种理想新课堂的教育思想，正是这样一种东方智慧的艺术表达，具有天地万物交汇相融的美学特征。"五多课堂"的"融"是教育之道的"融"。当我们溯源甲骨文和金文中的"五"字书写，"五"字突出表示了天、地万物的交汇。万物之始，阴阳消长；五行兼具，相生相融；自然和谐，宇宙循环。"五多课堂"的神奇之处，正在于万物衍生、协同发展的"融"的蓬勃。

"五多课堂"是动静辉映的融合。

没有"静"的课堂是不完美的，"静"不是停止，恰恰是更高级的"动"。只有舍得让学生静下来，才能让学生更好地实现内心世界的审视、观照、求索、反刍；静下来，才能让学生实现知识的重温、记忆的唤醒、心灵的共振、思维的构建和逻辑的梳理；静下来，让学生在安静里思考，在安静里蓄势待发，在安静里萃取、提炼、锻造、结晶。

"静"是冲淡的智慧，更是一种幽深的哲学。极致的"动"其外在表象是相对的"静"。正如鲲鹏欲之南海，待以六月息；正如天青色等烟雨。"五多课堂"是舍得等待的课堂，安静的等待是智慧，是信任，是解放，是生命勃发的序曲，是鹰隼试翼的翕张，是纵马驰骋的整装。

真"静"过后，方有真"动"。"五多课堂"的"动"不是无序的狂乱，而是以灵慧的言辞、敏捷的才思、深微的论辩、真切的情感疏浚着课堂的脉流。《周易》说："天下之至动而不可乱也。"（《易·系辞上》）对此，李泽厚先生在《美学三书》中认为："'至动而不可乱'，即是在各种运动变化中，在种种杂乱对立中，在相摩相荡中，仍然保持着自身的秩序。它不求凝固的、不变的永恒，而求动态的平衡、杂多中的和谐、自然与人的相对应一致。""五多课堂"是动静辉映的课堂，于动静交融中保持课堂自身的秩序，保持普遍的规律认识，保持辩证的理性认知，从现象到本质，于灵动的联想中注重逻辑思维的构建，同时又体现为想象的无羁、活力的张扬、意绪的狂放、情感的高昂。这正是"五多课堂"的艺术呈现。

"五多课堂"是内外相谐的融合。

动静辉映是"五多课堂"的外在形态特征，其本质则是个体生命向内厚植和向外舒展的融合。一节课是师生共同雕琢深处自我的旅程，一个人最高级的修行是向内走。"五多课堂"追求"时时育人、处处育人"的课堂意识，以学科学习育人，以教学过程育人，课堂的方向正在于引导学生向内走，那是内心强大的开始，是滋生心灵力量的开始，也是立德启智的开始。

向内雕琢，才能向外华丽地舒展呈现。正因为"五多课堂"极大地尊重和融合学生的个体差异，正因为这样万物衍生的交融，使课堂呈现千变万化的形态。

"圣人不凝滞于物，而能与世推移。"课堂怎会有固定的形状和流程呢？课堂如月，万川映月，月映人心。蕙草兰芷，屈原于长河守望，纯净刚直如江中月；氤氲迷雾，曙光前藏，孔子选择颠沛漂泊，永恒是路上月；上善之水，孤独守藏，老子守住的光，庄严似夜悬月……"弯弓辞月"的悲壮；"永夜孤月"的深忧；"千里婵娟"的同愿……回溯历史，我们看彻了几轮月？万物殊异，课堂里的我们，又怎能拘囿固化？

"五多课堂"是兼收并蓄的课堂，也是形质兼美的课堂。"五多课堂"以如月的柔和来照亮课堂的生命之光，以如水的智慧来演绎课堂教学的基本规律。"天下莫柔弱于水，而攻坚强者莫之能胜"。至大若水，以海纳百川之谦和博采教育的精髓；至刚如水，以厚德载物之雅量托举教育的使命；至性若水，以纵横江海之气魄解放课堂，解放老师，解放学生；至柔如水，以滴水石穿之坚韧钻研课堂规律；至情如水，以课堂为阵地，奔涌万里，滋润天地生灵。"五多课堂"的每一个环节不是简单的序列，而是贯穿始终的彼此交融，但又不是捉摸不定，而是始终紧握"立德启智"的犁铧，有理可据，有义可依，有章可循。

万物相生，植根于"荣"。"五多课堂"的价值旨归，蓄藏着鲸落生起的"荣"的明悟。

那一天，来自永州大地的教育人齐聚在蘋洲小学的校园，共赴一场教育盛景。那一场教育人的雅集，是沂水之畔"浴乎沂，风乎舞雩"的自由表达，是会稽山阴"流觞曲水"的长情书写，是悠然南山"临清流而赋诗"的性灵舒展。

那一天，人们见证了和谐共生的课堂，不仅是师生共"荣"，更是观者与学者的"共生共荣"。

"五多课堂"至素至简，却又以最澄澈最厚重的姿态惊人地相融于万物本质。以"容"接纳，以"融"相谐，以"荣"永续。孤荣必衰，自然变化莫测，教育之道博大精深，"五多课堂"从广袤天地里窥到了"荣"的自然法则，察觉到了课堂教学的"和合"之道，领悟到了教学相长、枯荣与俱的自然之理。"水之积也不厚，则其负大舟也无力。"蓄藏，沉潜，厚积，广纳，"五多课堂"秉持"处其厚，不居其薄；处其实，不居其华"的原则，将各种教育规律以"和"相聚，以"荣"发展，摒弃浮华与喧嚣，让育人真实发生。正是这清澈的明悟将教育艺术之根深埋，将一切的美好之源微现。春雨过后的天空，那浅白如透的烟云微微游移，渐渐地，那片与时间一起孕育、与湖海一道发源、与峦岫一起生长的天空，那片离我们最近又最远的天空，漪漪幽青幻化退隐，低垂的天边须尾染上了苍沉的栾华色。渐渐地，苏醒的天空面若酡红，流光溢彩，灿如火焰：太阳，要出来了。

厚织烟雨阅天青。读你，以仰望天青的姿态，那烟雨过后的青天，已是别样的璀璨。

李苏芳老师以诗一般的语言描述了当天听课的感受："五多课堂"在一"容"字，容纳所有学生，平等以待；在一"融"字，动静相融，内外相融；亦在一"荣"字，师与生共生共荣，观者与学者共生共荣。这样的凝炼，把"五多课堂"的精髓揭示了出来。

对"五多课堂"的感受，一位叫唐湘华的老师如是说："林语堂先生曾用'情智勇'三个字来形容古代先贤，我以为，这三个字也适用于吴老师。他有'情'，这么多年来对教育事业一片赤诚，痴心不改；他有'智'，在不断地实践中，他不断思考，不断提炼，形成了自己系统的教育思想；他有'勇'，不拘泥于现有的教育模式，敢于大胆探索，无惧困难。'虽千万人吾往矣'，这样的勇敢和气魄，非成大事者不能有也。在'五多课堂'里，师生和谐共生，共同成长，勃勃气象，令人神往。这样的课堂，它朴素而丰盈，灵动而厚重，也许你我曾'众里寻他千百度'，当它在我们面前出现的时候，我相信，它不仅照亮了你的眼睛，也照亮了你脚下的路。"教学思想只有得到一线教师的认可，才有推广的价值。"五多课堂"教学思想在潇湘大地，滋长开来。提炼的意义，亦在此。

《新课程评论》访谈让思想变得朴实

2023 年 7 月,《新课程评论》主编郑艳老师邀我做一期访谈，就是谈我的"五多课堂"教学思想。10 月，编辑杨志平和谢琰两位老师亲自到澧县听我上课。课后，她们问我："吴老师，您知道我们为何来听您上课吗？"我摇摇头表示不知道。她们笑笑说："好奇！"一句"好奇！"让我真的对之好奇了，我忙问原因。她们大笑回答："我们想看看您讲的和您做的，到底是不是一致。""结果呢？"我急着问。"完全一致，太难得了！"她们满意地说道。于是我们便有了围绕"五多课堂"教学思想的朴实对话。这样的对话，进一步促使我去提炼、萃取。

《新课程评论》：吴老师，您好。非常感谢您能接受我们的访谈。我们的话题就从您新近出版的这本书《理想新课堂："五多课堂"的构建与实践》开始吧。"五多课堂"就是您理想中的课堂吗？

吴春来："五多课堂"是我理想中的课堂。其实，课堂应该就是课堂，不要任何词语来修饰。只是我看到当前不少课堂远离了原本的样子，所以我才提出"五多课堂"。"五多课堂"旨在揭示课堂教学的基本规律，让课堂回归到原本的样子，以求解放教师、解放学生，切实提高课堂教学效率，提高教育教学质量。

《新课程评论》：如果用一个关键词来表达"五多课堂"的灵魂，您认为是什么？为什么？

吴春来：用一个关键词来表达"五多课堂"的灵魂的话，我想是四个字——"立德启智"。

康德说教育要使人道德化、聪明化。习近平总书记在2020年11月29日给人民教育出版社老同志的回信中也说到要"用心打造培根铸魂、启智增慧的精品教材"。课堂教学也是如此，它的核心是育人，而育人的重要内容就是"立德启智"。

"立德"是指培养真善美的人，"启智"是指提升学生的思维力。我们要树立"时时育人、处处育人"的课堂教学意识，培养学生的真心、信心、爱心、恒心、求知心，培植他们的想象力、创造力、审美力、学习力、合作力、阅读力、表达力、思辨力等诸多能力。

《新课程评论》：能与我们更为具象地勾画一下"立德启智"课堂的模样吗？

吴春来：我分享几个关于课堂的小故事来尝试勾画一下吧。作为教研员，这些年，我听了不少课。我发现，不好的课有一个共同的缺点，那就是：重视教学，而忽略教育。课堂是育人的地方啊。教师一定要肩负起育人的责任。依我的理解，课堂育人指向两个维度：一是学科学习育人，二是教学过程育人。从学科上说，每门课程都要肩负起育人的重任；从教学过程上说，整个过程都要助益于人的成长。

记得有一次听一节高三物理课，老师讲电学。上课伊始，老师便用幻灯片把电学的相关知识呈现出来，他并未做任何讲解，而是要求学生一一记下。那一刻，我就在想：这样的课堂，老师到底起到了什么作用？！

苏霍姆林斯基说："我在课堂上要做两件事：第一，要教给学生一定范围内的知识；第二，要使学生变得越来越聪明。"课堂上，没有思考，学生何来聪明？

我一直记得，读高中时，我们的历史老师讲《勾践灭吴》这一课的情景。老师问："勾践为何能灭吴？"有同学说："因为越国变得强大了，所以灭掉了吴国。"这时，老师不急不忙地说："战争是双方的事，越国变得强大就能灭掉吴国吗？如果吴国变得更强大了呢？"20多年过去了，这句话，我记忆犹新。因为，它开启了我的思考。

以前的课堂，只要老师一问问题，我们立马去翻书。一旦找不到答案，老师就会划出重点，标出一、二、三的顺序，叫我们去背诵。这位老师不一样，他并没要求我们急着从书里寻答案，而是教我们先思考。因此，我一直坚信：好的课堂，应该是积极思考的王国。没有了思考，学生的智力何以提高？

当然，如果只注重对学生思维能力的训练，而忽略德行的培养，也是不行的。这就要求教师在教学过程中始终要对学生的学习行为和态度给予及时的、机智的回应。有一次，我应邀去长沙东雅中学执教《木兰诗》。课前，有一位学生提出这样一个问题，她说："木兰是真实存在的吗？"在课堂上，我是这样处理的：

师：因为我的字比较丑，这几天我定了一个计划，开始练字。大家看，我写的字比较丑（亮出自己的字），我就每天在家练字。读到《中国文学发展史》，写了这么一段话，关于花木兰真实还是不真实的，这位男生你来读一下。

生：考证这些无稽之谈，实在没有一顾的价值，我们只要知道花木兰是一个北方英勇女性的代表就够了。（众生笑）

师：作者为什么说这番话？他是站在什么角度来思考的？

生：形象。

师：这个形象真实不真实已经不重要了，因为她永远活在——

生：人们心中。

师：但是我觉得这个问题是有价值的。为什么？我的字写得比较丑，但是我还是写了几个字。谁问的？（生举手）我写了一段话，请这个男生来念一下。我的字比较丑，不要给其他同学看。（众生笑）同学们，写一手好字太重要了，老师的字都不敢拿出手。

生：考证是一门学问，多读书是基础，那就请先打好基础吧！

师：送给你，请你珍藏。胡适说，大胆假设，小心求证。我觉得有这样的思考未尝不可。有人说创造来自错误，我们可以想象，可以推断。同学们，在学习的过程中大胆假设，小心求证，我们讲考证的东西还是需要博览群书。我希望这位女生多多积累，好好读书。好不好？

生：（笑）好。

这个教学片段就很好地体现了育人中的"立德"思想。对于学生的问题，如何艺术地解决呢？我想借专家学者之口来回答。

如果把专家学者的观点通过 PPT 的形式来呈现，达不到理想的教育效果。于是我把观点抄写在白纸上让学生来读观点。我的字不是特别漂亮，作为语文教师一定要写一手漂亮的字，从这个角度上来说，我是不合格的。所以，我必须在学生的面前承认自己的不足，以此来教育学生：要养成良好的书写习惯。当学生念出"考证这些无稽之谈，实在没有一顾的价值，我们只要知道花木兰是一个北方英勇女性的代表就够了"这个观点后，学生肯定会发笑，学生的笑，很可能会造成一种伤害，这时我必须亮出我的观点，于是再让一位学生念出来，并且把我写的字送给提问的那位女生，一则表扬其大胆假设的精神，二则鼓励其拥有这样的思维品质，同时引导学生们去多读书。整个过程是轻松愉悦的，也是幽默机智的，教育效果也是显而易见的。

当然，课堂上"立德"与"启智"是有机统一的，立德时恰恰有启智，启智时常常会立德。那么，如何实现"立德启智"这一核心思想呢？所以课堂上老师需要"五多"，"五多"是一种教学形态。

教学是一门科学。"五多课堂"的教学形态，是有理可循的。其遵循的是"因材施教"的教育思想与"理性参与"的文化逻辑，它指向"解放学生"。教学也是一门艺术，离不开具体的操作行为，为了艺术地展现"五多"形态，更好达成"立德启智"这一目标，在教与学的层面上，我主张"少告诉，多发现"，由此探索出"问题激活—学生发现—形成思考—学生归纳"这一教学路径。课堂因"五多"而呈现出一种真实之美、育人之美、教学合一之美与动静结合之美。

《新课程评论》：您的分享，让我看到"五多课堂"，其来有自。"五多课堂"主张的是教师多到学生中去，多让学生提问，多让学生展示，多让学生思考，多让学生讨论。我们知道，其中的每一个观点或理念，其实在教育教学界都谈论得比较多。但似乎您是第一位将它们组合起来，使之结构化的。从最初的想法到做法，再到这一主张的提出，经历了一个怎样的过程？

吴春来：是的。这不是我的发明，但把它们组合起来，使之结构化，从研究文献上来看，我确实是第一位。在这里，我不得不讲讲我的一些经历。

从 2010 年开始，我就研究全国名师的课堂，比方说于漪、钱梦龙、窦桂梅、王崧舟、黄厚江等名师的课，我都反复琢磨过。同时，我也关注了一些课改学校的课堂，我发现好课有一种共同的形态即"五多"的形态。

2017 年 2 月，我担任东安县凡龙圩学校第一校长，想通过课堂改革去改变一所落后的乡村学校，为基础教育做点实实在在的事情。通过一段时间的听课，我发现老师上课通常喜欢站在讲台上讲，课堂几乎满堂灌，学生没有多少展示，也很少思考，老师不会让学生去提问，也不组织学生去讨论。于是，在一次教研组长会议上，我就提出"五多课堂"的理念，建议教师们：多到学生中去，多让学生提问，多让学生展示，多让学生思考，多让学生讨论。

我是一个喜欢实践的人。课堂之个中三昧，教师大抵靠亲身实践方可得知。我坚守课堂，从小学一年级上到初中九年级，一则学习上课，二则上给老师们看。渐渐地，老师们不断去践行

"五多课堂"理念，从"一多"努力迈向"二多""三多""四多""五多"。一年后，课堂上，师生面貌大有改观。2018年，教育部名校长领航班周大战校长邀我去他学校执教示范课《火烧云》，课后周校长跟我交流说："以前听您上课，觉得课上得也挺好；但今天的课才是我理想中的好课，课堂上您的姿态特别低，学生得到了充分的尊重。"在2021年11月"'双减'落地，赢在课堂"——长沙望城区九年一贯制学校的教研活动中，我执教了《竹石》。一下课，株洲市景弘中学原校长李飞国先生兴奋地飞步上台握住我的手，高兴地说："吴老师，今天我终于听到了一堂真正好的语文课。"这位被《中国教师报》连续宣传报道的课改风云人物，竟然如此惊讶地评价我，确实给了我十足的力量。

再后来，我进一步思考：既然提出了"五多课堂"这一概念，就一定要揭示出其内涵。于是我试着这样解释"五多课堂"：

"五多课堂"是指追求教学合一、师生共同成长的育人课堂，呈现"多到学生中去，多让学生提问，多让学生展示，多让学生思考，多让学生讨论"的课堂形态，坚持"有教有类，因类施教"的原则，"多让学生提问"确定教学起点，"多让学生展示"发现问题，"多让学生思考"研究问题，"多让学生讨论"解决问题，"多到学生中去"发现学生、引导学生、帮助学生，构建以问题为核心的教学磁场，营造一种动静结合、师生和谐共生的教学氛围，从而使学习真实发生、学生有高质量进步，最终促进师生共同成长。

2023年3月，在给湖南省第四批教师培训师培养对象讲座中，有老师问我为何不是"六多""七多"而是"五多"呢？这个问题问得很有意思。不过只要读过《陶行知教育名篇》的老师都知道：

1944 年 12 月 16 日，陶行知先生在《创造的儿童教育》一文中就提出了解放儿童的五大主张：解放小孩子的头脑，解放小孩子的双手，解放小孩子的嘴，解放小孩子的空间，解放儿童的时间。

"五多课堂"正是基于五大解放思想上的具体实践：

解放学生的头脑——多让学生思考，多让学生提问；解放学生的双手——多让学生展示（写）；解放学生的嘴巴——多让学生讨论，多让学生展示（说）；解放学生的空间与时间——多让学生思考，多让学生展示（听）。

所以，我趁这个机会再次强调："五多课堂"是陶行知先生"真教育"的具体实践。

2023 年 4 月，我的新著《理想新课堂："五多课堂"的构建与实践》出版后，有老师问我："五多"到底是一种怎样的关系呢？这个问题进一步深化了我的思考。后来，我跟老师们解释："五多"不是先后顺序关系，而是一种相互交融关系。"多让学生思考"是核心，贯穿课堂始终，是一种无形的学的形态。思考无时不在，展示有思考，提问有思考，讨论有思考，它们是看得见的学的基本形态，以便教师更好地教。"多到学生中去"是教师教的形态，以此让学生展示、提问、讨论，从而去发现学生，促进学生更好地学。

可以这样说，"五多课堂"的主张或思想，是在不断完善当中的。我想揭示的是课堂的基本规律。只有如此，我们的研究才有利于学生，有利于教育。我花了十年时间去研究中小学语文教学，试图打通学段壁垒，在此过程中，我更加坚定了"有教有类，因类施教"的思想。在今后的教育生涯中，我将进一步从不同学科去研究"五多课堂"的实践运用。研究"五多课堂"，准确地说，研究高质量课堂，是我一生之所求。

《新课程评论》：谢谢您让我看到"五多课堂"的深厚根系与生长过程。建构这一理念及将其落入一堂堂课的过程中，有没有哪些书带给您重要启发或影响？

吴春来：有，有很多。比如马克斯·范梅南的《教学机智——教育智慧的底蕴》，杰克·斯诺曼与里克·麦考恩的《教学中的心理学》，丹纳的《艺术哲学》，帕克·帕尔默的《教学勇气：漫步教师心灵》，怀特海的《教育的目的》，黑格尔的《精神现象学》，布鲁纳的《布鲁纳教育论著选》，蒙台梭利的《蒙台梭利文集》，佐藤学的《教师的挑战——宁静的课堂革命》与《学校的挑战：创建学习共同体》，卜玉华的《"新基础教育"课堂教学改革的深化研究》，陈丽君的《问题发现思维研究》等，这些书都给予了我精神养分与思维启迪。

《新课程评论》：听您分享的这些书目，我想到，我们老师要上一堂课，上好一堂课，还真是要胸中有古今，眼底有中西啊。我好奇，您的案头书是什么？

吴春来：这个话题有点意思。一提到读书，我就自卑。曾经在一次读书分享会上，我说过这么一段话：我不敢说自己是一个读书人，我只是一个喜欢读书，但读得并不好的人。如果我的读书心得，能给大家带去一点思想共鸣，对于我来说，真是一件十分幸福的事。

我家里也藏有不少书，但读得不透，钻得不深，常常为之惭愧。由于是语文老师，案头确实摆过几本书。比方说《红楼梦》，每次读都有不一样的感觉。近些年，我读它，提出了做贾宝玉式的"四情教师"——"痴情""多情""温情""才情"。

"痴情"即对教育之真、之痴：来不得半点虚情假意，容不得丝毫投机取巧、沽名钓誉，那是呕出一颗心来的神圣事业。从教 20 年，我始终没有离开课堂，从未放弃过，我希望这份"痴"一直保持下去，那时可以无愧地说"一帘幽梦同谁近，天下教育独我痴"。

"多情"即对教育之"博爱"：深深地爱着我们的教育事业，爱着我们的学生。教育是爱的事业，更是如何懂得爱的事业。有教无类，讲的就是一种爱。无论怎样的学生，我们都要去爱，都要懂得如何去爱，这是教育的底线。

"温情"即教育之"人情味"：学生不是分数的奴隶，而是有血有肉的鲜活生命；教师不是教书的机器，而是有情有义的家庭个体。教育要多一点温情，师生之间要相互关心，领导与老师间要多一点理解，让校园充满温暖与温馨。

"才情"即教师之"才华与才思"：没有才情的教师，课堂必定枯燥乏味；没有才情的教师，学生便少了灵性与对美的陶醉。教育是科学的，也是艺术的，艺术需要才情支撑，老师多一点才情，课堂会平添更多趣味。

仔细想想，这样的思考也是蛮有趣的。读书之道在乎用。我还说过一句话：比读书更重要的是思考，比思考更重要的是去运用。

这样想来，对我语文教育最有影响的案头书是:《叶圣陶教育名篇选》《吕叔湘文集》《张志公语文教育论集》《走进语文教学之门》《语文品质谈》《人文·语感·对话——王尚文语文教育论集》《语感论》等。

这些书帮助我正确把握语文教育的方向，遵循语文教育的规律。以至于后来我提出了语文教育的"十五字"原则：出口能成章，下笔可成文，走向真善美。当然，这样的要求太高了，但"取法乎上，仅得其中"，有高要求，并不是一件坏事。这么多年来，我也一直是按照这样的要求训练学生，学生的语文素养的确很不错。

在此，我也想跟老师们分享我一点浅薄的读书心得：文学滋养我们的性灵，教育学让我们懂得教育，哲学让我们变得深刻，心理学让我们深谙教学。

《新课程评论》：记得您曾说过一句话——"读书让专业崛起"。您不仅读，还坚持写。我读到您写的许多文章都是基于课例的研究，而您提出的"五多课堂"理念也是基于大量的教学观察与课堂实践。您是将读、写、研、做，融合在了一起。

吴春来：谢谢您的发现，很多老师都说我是实干家。2023年4月，湖南科技学院为我举办了"语文教育创新研讨论坛暨'五多课堂'教育思想研讨会"，会上特邀嘉宾、博士生导师李学教授说了与您类似的话。我一直以为基础教育最需要的还是实践，当然理论很重要。作为研究者，一定要注重课堂实践与教学观察，否则我们的很多想法都是想当然的。教育部前新闻发言人王旭明先生曾这样评价我：在中国语文界，能上小学、初中、高中示范课的教研员确实少见，不过吴春来老师是其中一位。

我有一个观点不知对与不对。我认为，作为语文教师一定要试着打通学段，小学老师要往上学习，中学老师要往下研究，要明白中小学教材，更要明白中小学学生的学情特点。越了解，越有效。

课堂是教师最重要的阵地，不管是研究，还是阅读与写作都要围绕课堂做文章。做研究，最怕的是假研究，言必称西方，说一些深奥的道理以显示其高深。我很喜欢李德顺先生说过的一句话：浅入浅出是没学问，浅入深出是假学问，深入深出是小学问，深入浅出是大学问。对于一线教师来说，更喜欢的还是通俗易懂的真道理。

说到这里，我们不得不再次回到课堂这个话题上面来了。如何上好课呢？需要去研究。研究什么呢？比方说，如何让学生提出高质量的问题、提升学生的智力。只有实践肯定是不够的，这就需要去阅读。要读相关的书籍，比如说，当我读到《多元智能的理论与实践：让每个儿童在自己强项的基础上发展》时，眼前真的一亮。我们是否发现了学生的强项？而事实上，我们更多看到的是学生的弱点或不足。课堂上，如何去激发学生的潜能，让他们变得更好呢？阅读与研究自然是融为一体的，之后呢？把思考与研究付诸笔端，就形成了作品。

《新课程评论》：是的。针对您刚谈到的我们往往更多看到学生的弱点或不足这一现象，在心理学界就有学者做出分析和研究，将此称为"负面偏差"。我们人类的大脑会天生优先关注那些负面信息，会不自觉地关注"坏"的那一面。通过阅读，通过认知与视野的打开，我们就能更多地看到这些问题，从而改进、优化我们的课堂教学。作为教师，要将阅读、写作、研究、实践融通起来，有哪些关键点需要把握？

吴春来：回答这个问题前，我想我得先申明一下：我还并没有很好地将这四方面通融起来，不过我会朝这个方向努力。

至于关键点，我想首先还是思考。我们做不了思想家，但一定要做一名思考者。我喜欢思考，尤其是思考课堂现象。我曾经给老师们现场演示我是如何来观察名师课堂的，每一个环节我都会思考，皆能说出其利与弊。正因如此，我才敢于在永州市教育局举办的"五多课堂"观摩暨名师工作室线下集中研修会上分别执教小学、初中、高中示范课。其次是实践。没有实践，就没有进步。我们不缺理论家，而缺实践家。

我告诉自己：这一辈子就是要研究课堂，要亲自上课。而我一直对自己的课堂不满意，每一次上课都会发现有很多问题，我想慢慢调整，慢慢进步。真希望有一天，我能对自己说：终于上了一堂自己满意的课了。

《新课程评论》：谢谢您。我读到您在书的后记中写道："没有最好的课堂，只有更好的课堂。我们都是探索者，永远在路上，永远在追寻理想的境界。"祝福您在这条路上，遇见更多好风景。

一场访谈，让我再次梳理思想。亲爱的读者朋友们，你们会发现，思想是需要不断进阶、反复打磨的。"五多课堂"

教学思想提炼的三部曲：零散的教学主张凝结成教学思想——教学思想以课堂的方式展现在老师面前——一场访谈倒逼自己再次梳理。不知这是命运的安排，还是提炼思想必然的结果，我不得而知。

2024年3月15日，广州市南沙区举行基础教育课程教学改革深化行动启动仪式暨"五多课堂"研讨活动，全区7所"五多课堂"实验校挂牌，吹响了南沙区深化基础教育课程教学改革的号角。《中国教师报》跟踪报道。

"五多课堂"教学思想从湖南滥觞，到广州南沙全学科绽放。思想再一次走向实践，在实践的过程中，我不断提炼、丰富，提出了"发现是提升学生智能的重要途径""好课是机智的艺术"等观点。

我们都渴望成长，为何有些人成长慢，有些人要快一些呢？其实，方法是很重要的。懂得及时萃取与提炼，不忘训练归纳与概括能力，必将让自己在教学上与众不同。提炼的背后是思考，当然离不开实践与阅读。学会从繁杂的现象中寻找规律，将普遍的规律以通俗的语言表达出来，这是一项本领。我们要始终相信：我们不是思想的搬运工，而是思想者。

思想提炼后的再思考

　　2023 年新书《理想新课堂:"五多课堂"的构建与实践》代表了我"五多课堂"教学思想的问世,也是对"五多课堂"教学思想的重要提炼。思想是需要不断丰富与完善的,有时靠自己,有时借助他人。2023 年 9 月,《中国教育报》编辑胡茜茹女士向我约稿,希望我写一篇名师对课堂反思的文章。冥思苦想中,我终于明白了"君子善假于物"这句话的含义。当我们沉湎在自己假想的成功之中时,如果有人及时提醒你去反思,那种反思,会让思想更加成熟。于是,我开始了对"五多课堂"教学思想的再思考。

　　记得人民教育家于漪先生说:一辈子做教师,一辈子学做教师。其实,我也一直在上课,一直在学着上课,一直在追求着理想课堂。我想到了王国维先生提出的"治学三境界","五多课堂"是不是也有三境界呢?反复地琢磨后,我提炼出三境界:真实,此第一境也;开放,此第二境也;进步,此第三境也。

第一境界：真实

　　2019 年，我在湖南常德澧县上课，课后一老师评价说："没有炫目的课件、音乐和视频，唯有一支粉笔、一块黑板，学生们全神贯注地朗读和争先恐后地举手，在吴春来老师的课上，学生们随着他的讲解一起'推敲'。通过不断地激励，学生从不敢说到敢说，再到爱说，由浅入深，由理解到运用。这样真实的课堂深深地触动了我，真实是一种力量，是一种最能打动人、感动人的力量，真实的背后是吴老师的自信和勇气。"学生们似乎比较喜欢我的课，因为我希望他们在课堂上开心，真真实实地开心。而这一切的背后不是自信和勇气，而是一份尊重。

　　真实源于尊重。

　　课堂的第一要义是尊重，要懂得保护孩子的自尊。没有尊重，就没有好的课堂。好的课堂上，学生一定是真实的。他们真实去展示，真实去思考，真实去提问，真实去讨论。真实不仅仅是因为学生可以畅所欲言，更是因为有一份自身得到了尊重的底色。顾明远先生说：没有爱就没有教育。在我看来，没有尊重就没有教育。尊重，也是爱的一种表现；唯有爱，才能表现出尊重。课堂上，老师要想方设法保护学生的自尊，正如苏格拉底所说："在任何情况下，永远不要伤害任何人。"

　　尊重体现在承认学情的差异化。怀特海在《教育的目的》里说："在教育中，如果排除差异化，那就是在毁灭生活。"

教学中，如果排除差异化，那就是在毁灭课堂。基于此，我提出了"有教有类，因类施教"教学原则。"有教有类"，倡导教学要分类，承认学生的差异化，根据学生特点进行分类教学，实则是更好地体现孔子主张的"有教无类"，更大程度上尊重了学生；"因类施教"，即根据类别来施教，亦曰因材施教，个体不一，方法有别。此谓，真尊重。而以前的课堂，把不同的学生当成了同一个学生，如今想来，那是多么的荒唐。

尊重体现在细节里。第一，体现在老师对学生的细节里。记得有一次，我给小学六年级学生上口语交际课《请你支持我》，老师们课后评价很高，但我回看视频后，甚是懊悔，因为有一位学生一直在举手，而我却没有发现。后来上课，我反复告诫自己：不要忽略了你背后举手的孩子。课堂上，我们很难让每一位学生都能展示，但一定要兼顾到每一位学生的心理，让他们知道老师是爱他们的。第二，体现在学生对学生的细节里。课堂上，学生是非常在乎同学们的评价的，学生回答问题出了错，其余的学生不要嘲笑，否则，以后大家都不太乐意去当众表达了；此外，知道的要乐于帮助不知道的，其间，教师善于引导，以此形成互帮互学的氛围。一次我执教《火烧云》，一男生模仿课文说话，当他说出"一会儿火烧云像一只老虎"后就语塞了，我趁机说："老虎怎么样呢？大家可以帮帮他。"突然另一个学生说："张牙舞爪。"这位男生来了灵感，接着说："一会儿火烧云像一只老虎张牙舞爪，正好抓住了一只猎物，在津津有味地吃着。"这时，他又停了下来，于是我及时肯定"津津有味"这个词用得好，给予鼓励，他高兴地说："突然猎物消失了，老虎也消失了。"有同学说："不要重复出现'消失'。"我连忙说："哪位同学帮着一起思考思考？""突然猎物消失了，老虎也不见了。"一位女生大声说。学生练习说话的能力，在互学与帮学中逐渐得以提升。

真实源于尊重。师生的教学行为一定是真实的：真真切切教，明明白白学；不装，不演；说真话，学说真话；做真人，学做真人。

┃ 第二境界：开放 ┃

1999 年，叶澜先生在《把个体精神生命发展的主动权还给学生》一文中说：

"在教室里，学生不仅按照课程表的规定和拿到的教科书上课，而且按照教师的每一个指令行动，每一个问题作答……教师是每日课堂生活的主宰者，学生是教师意志的服从者。当然，在课堂上也有一些教师会要求学生上课时提出问题，发表不同的意见，进行独立思考等，但最终大多还是纳入教师预设的框架……"

我曾经的课堂亦是如此。究其原因，在于眼里没有学生。那时候眼里只有教案，希望学生与我共同完成教案预设的内容，如是而已。随着教学认识的深入，我越来越觉得这样的课堂断然不是好的课堂。我们一定要构建面向全体学生自我发展的开放式课堂，一切跟着学生走，时刻帮着学生学，说得更通俗一点就是：学生不一样，课堂就不一样；如果学生不一样，教学的内容与方法还是一样，这样的课堂是不利于学生发展的。

开放来自解放。

课堂的开放来自教师与学生的解放，唯有解放才能开放。其实，早于1944年12月16日陶行知先生在《创造的儿童教育》一文中就提出了解放儿童的五大主张：解放小孩子的头脑，解放小孩子的双手，解放小孩子的嘴，解放小孩子的空间，解放儿童的时间。基于五大解放思想上的具体实践，我提出了心中的理想课堂——"五多课堂"：多到学生中去，多让学生提问，多让学生展示，多让学生思考，多让学生讨论。

课堂上，我们应多到学生中去，去创设让学生自主、自由的学习环境，促进他们创造力与志趣爱好的充分展现：解放学生的头脑——多让学生思考，多让学生提问；解放学生的双手——多让学生展示（写）；解放学生的嘴巴——多让学生讨论，多让学生展示（说）；解放学生的空间与时间——多让学生思考，多让学生展示（听）。

在开放的课堂上，不但教师清楚"每一节课要教什么、为何教和如何教"，而且要学生明白"自己想学什么、会学什么，想怎么去学、该如何去学"。学生的学不是教师课前强制规定的，他们的学主要来源于两处：一是课前根据学情分析，教师确定；二是根据学生与学科的需要，现场生成。为更好地解放学生，教师要处理好"为"与"不为"的哲学关系：

有些事情教师自己做，跟我学；有些事情师生一起做，帮你学；有些事情学生自己做，让你学。

2023 年 4 月在一次"五多课堂"观摩会上，一老师听完我执教七年级《外国诗两首》后，写道："通过听课，我深深地认识到'五多课堂'把学生的主体地位真正落到了实处；罔顾学情和学生的发展需求，即使课堂看上去多么完美无缺，也无法将学生培养成丰富的、有灵性、有创造力的符合时代需要的人才。"诚如此言，只有解放，才能把学生主体地位真正落到实处；然而这一切皆需教师不断提升专业素养，备课更悉心、全面。

▎第三境界：进步 ▎

理想的课堂，学生一定是有进步的；进步越大，越理想。

2024 年 3 月，在湖南第一师范学院星沙实验小学举办的"五多课堂"观摩暨"立德启智"校本教研活动中，我执教《竹石》，课后，长沙县㮾梨街道中心学校教育教学专干李富国校长评价说："这样的课堂是真正关注学生成长、把学生放到中央的好课堂，老师始终尊重每一个孩子，用他的机智幽默来化解孩子的尴尬，不断地鼓励他们，孩子们在课堂上有看得见的成长，一个个精气神十足，下课了还意犹未尽。这样的课堂是绽放智慧的课堂！"

其实，我一直在反思自己的课如何让学生在课堂上尽可能地进步。故而我提出"五多课堂"，强调课堂上有看得见的进步。学生在"多提问、多展示、多思考、多讨论"中得以进步。课堂上应该有一个从不知到知的过程，不敢到敢的跨越，不会到会的转变，不喜欢到喜欢的改观。从一般角度上说，看得见的进步至少有三个方面的提升：知的提升，德的提升，智的提升。知的提升，不难做到，只要讲清，训练到位，基本可以达成。德与智的提升，才是重点与难点。课堂的核心在于"立德启智"。皮亚杰认为，教育，一方是成长中的那个人，另一方是社会的、智慧的和道德的价值，教师要负责把由他启蒙的那个个体带进这些价值中。课堂上，要呼唤真善美，培养学生的道德观；亦要训练学生的思维，提升他们的思维品质。

进步重在思考。

理想课堂应该是积极思考的王国。吕叔湘说："教师培养学生，主要是教会他动脑筋，这是根本，这是教师给学生最宝贵的礼物。"教师多到学生中去是为了更多地发现学生，指导他们去思考；学生多提问、多展示、多讨论，都离不开思考。在教学实践中，不难发现：激发学生提问，是思考的重要体现。每次上课，学生都会提出让人惊喜的问题，这便是思考的力量。执教《杨氏之子》，有学生问："为何写杨氏不在？"执教《木兰诗》，有学生问："《木兰诗》为什么只有几句话就把木兰的事情写完了？"执教《天上的街市》，有学生问："为什么是一朵流星？"执教《念奴娇·赤壁怀古》，有学生问："诗人既然缅怀周瑜的'雄姿英发'和丰功伟绩，为什么不借此来激励自己，从而抒发建功立业的壮志豪情，却悲叹'人生如梦'呢？"理想课堂其实是这样一个过程：不断产生问题、暴露问题、提出问题、分析问题、解决问题的过程。如果把学生的问题解决了，教育的问题也就解决了，学生自然就进步了。

理想课堂需要静的环境。静，是学生在思考的具体体现。当学生静下来时，教师千万不要破坏了这份美。"天地间真滋味，惟静者能尝得出；天地间真机括，惟静者能看得透"，课堂间真问题，惟静者能想得清。记得有一次，湖南衡东县语文名师工作室老师专程来听我的"五多课堂"，我执教高三作文复习课。课后，有一女老师问我："您的课堂上，有十多分钟非常安静的时刻，您当时不怕冷场吗？"我说："他们在思考问题，这是很好的现象。"老师很惊讶地说："当时看您那么轻松自然，特别佩服，而我们碰见这样的情况都会急得要命。但学生后来的表现很精彩，应该是安静后的作用吧。"我们见惯了公开课上学生跃跃欲试的热闹，其实学生的真实状态一定是有困惑与凝思的。

要想学生有进步，老师还要树立"时时育人、处处育人"意识，以学科学习育人，于教学过程育人，让学生在自由的空间自由地学习，培养他们的真心、信心、爱心、恒心、求知心，培植他们的想象力、创造力、审美力、学习力、合作力、阅读力、表达力、思辨力等诸多能力。我对先前讲的"立德启智"有了更深的认识："立德启智"本身就是一种进步。在这里，每个学生都是学习的主体，他们都得以被关注，他们的学习热情很高涨，他们在一种轻松自由但又不乏理性与和谐的氛围中发现自我，成就自我。

在理想课堂追求的路上，深深明白：要真实，先尊重；要开放，必解放；要进步，重思考。真实让开放有了可能，开放让进步有了基础。学生越来越会思考，越来越会解决问题，越来越有创新精神，越来越走向真善美的人生境地，那是多么理想的课堂。

这样的思考，有对以前思考的再思考，比方说对陶行知先生提出的"五大解放"的思考；也有对以前思考的创新思考，例如我提出"真实—解放—进步"三个层次的思考。如此，让"五多课堂"教学思想更加完善，有了境界；"五多课堂"三境界的提出，以更简明的方式表达了课堂的要旨。

大道至简，教学思想亦如此。

思想提炼后的再实践

2024年1月11日，来到南沙区潭山中学启动"五多课堂"改革项目，我即兴上了一堂复习课。

教学环节上，以"学生做练习—答题展示—点评"有序推进。

在教学内容的处理上，引导学生从题目出发，梳理文章的主要内容；从阅读策略出发，理清文章的思路；从答题策略出发，优化学生的答题技巧。

在课堂教学活动的处理上，大部分时间都在巡视学生的答题情况及与学生轻声交流，同时让学生在黑板上展示答案，给答案赋分。

点评环节，引导学生思考和表达，通过不断激励，学生实现了从不敢说到敢说，再到完整表达的变化；同学们积极思考、讨论，课堂表现十分活跃。

这是我从湖南来广东的第一次即兴上课，也是"五多课堂"在广州南沙的首秀。

课后，其中一位学生兴奋地说道："非常有趣，难以忘怀。"

项目启动仪式上，听课老师也纷纷发表了自己的感受。

一位叫王智辉的老师说："吴老师引导学生掌握阅读的小

技巧，如读懂标题的主旨意思、抓住文章的主线，让学生充当小老师帮同学的答案赋分，让学生重新审视自己的答案，思考如何改变自己的表述等，整节课师生互动热烈，不时碰撞出思维的火花。吴老师作为这堂课的'引路人'，真正将思考'交还'给学生。当学生的答案不那么完美时，老师并不着急揭开谜底，而是通过小提示、小示范引导学生主动思考，自己归纳出标准答案；当张同学用复杂的语言表达复杂的思维时，老师不慌不忙，先说出三句赞美张同学的话语，如敢于上台、声音洪亮、自信满满，然后再提出不足之处，真正做到了巧妙点评，赞美与指正同在。"

陈瑞蔼老师说："听完吴老师的课有两点较深的感受：一是课堂不仅仅是讲对错的地方，更是讲爱的地方，老师的关注、肯定、鼓励、引导的背后倾注着爱的力量；二是课堂不要剥夺学生自主探索知识的过程，老师要学会启发学生，燃起学生学习的内驱力。"

我不得不佩服老师们的眼光，他们看清了我的课，道出了其中的堂奥。我敢于在陌生的地方即兴上课，原因何在？这样的实践，是自我的挑战。因为我知道我要教什么。为何以前没有这样的自信？因为那时没有判断学生需要什么的能力。我如何判断的呢？那就是根据学生的问题。课堂上一定要及时发现学生的问题，提高诊断的能力。课堂上，非常需要机智的。机智，是可以在课堂上得到的。在教学上，发现自己有一个非常大的问题：整体观察能力不够，不能放眼开来看学生。根本原因在于：上课，还是急了。当发出教学指令后，要暗示自己先看看全部学生的状态，而不要被一两个特别积极的学生干扰到了。

2024年5月我回湖南开《班主任家校沟通的艺术》新书发布会，活动中我执教《杨氏之子》，课后湖南科技学院蒋扬帆教授握着我的手说：跟去年在湖南科技学院那节课比，吴老师，你的课又进步了。我也有同感，真正会看课的人，都有一个共同的感觉：我的课越上越好。好在哪？我以为是越来越机智。那节课最精彩的地方，也是大家一致叫好的地方：临时设置一个情境，把一位表现特别突出的学生当成杨氏之子，让学生来评价他的"甚聪惠"。这份机智，唯有在课堂才能不断获得。

"五多课堂"提出"问题激活—学生发现—形成思考—归纳总结"的教学路径，在一次数学教研活动中，我发现"归纳总结"后如果没有训练也是起不到巩固的效果的，所以最后增加了"学以致用"这一环节。思想需要实践去检验，实践会完善我们的思想。

活动后观看上课视频，挑出三处毛病：手势很随意，有时爱耸肩，说话还是快。在实践中发现自己的不足，才有进步的空间。专业发展上最怕自鸣得意，更何况我还处于很一般的水平，离我理想的状态尚有一定差距。不少人搞不懂我为何要经常上课，甚至还有人对之大加非议。人是很复杂的动物，亲爱的读者朋友，我的故事告诉大家：坚持做正确的事情，不要在乎他人的指指点点。

修炼七

团队中成长

带团队不是给自己扬名，

而是为教师搭台……

导 / 语

一个人，专业发展到一定程度，总会想着去帮帮那些需要帮助的人。因为自己也是这样得到别人帮助过来的。教师队伍的发展，离不开思想的传承。如果只想着自己好，而嫉恨、打压他人者，是难以在专业上再有精进的。我一直渴望着，我们这个教师队伍，群贤毕至，为教育事业写就一行行壮丽的诗篇。但我毕竟人言微轻，甚至我的想法都会招来冷眼。平心而论，我带领一群老师努力向前时，蓦然回首，自己的课堂居然更上一层楼。

亲爱的读者朋友，请相信教育的善念，无论我们的专业到了何种境地，都要伸出一只手扶扶他人。

确定"五一"常态学习

春风吹拂大地，在思想的堤岸，青草郁郁。

在永州，我们时常会谈及伟大的文学家与思想家——柳宗元。我曾在愚溪之畔，望着清澈的溪水，留下一首《愚溪吟》以诉衷肠：

你在潇水的岸边低吟

一溪入江涤荡千年的风景

八愚千古畅叙不变幽情

超鸿蒙　混希夷

善鉴万类　与世无争

愚溪　愚溪

大智若愚　大智若愚

清莹秀澈洗红尘

你在时光的阡陌锵鸣

山水来归歌咏利民的身影

黄蕉丹荔传唱柳子德政

楚天碧　江雪醉

喜笑眷慕　万流景行

愚溪　愚溪

福我寿民　福我寿民

都是文章曜古今

　　他的伟大在于"利民"二字，"利民"思想给我深深启发：为官者，有"利民"思想；当老师，应有"利学"思想；当教研员，该有"利师"思想。当时作为全市的教研员，如何带领老师们一起成长呢？

　　2018 年暑假，我应邀参加董一菲老师的诗意语文活动，偶遇《语文教学通讯》高中刊原主编徐永平先生，先生说："作为教研员，你一定要组建教研团队，一批影响一批。"他的话给了我力量，也给我了信心。2018 年 8 月 1 日，我与 50 名永州语文老师组成学习共同体——"春来咏语"教研团队，我们研究家常课，发现语文，发现教育的真谛，做知行合一的教育人。

　　2018 年 8 月 20 日，"春来咏语"教研团队于宁远县德源小学举行第一次集会，确定了"五一"常态学习模式。

∣　一月读一本书　∣

　　教师的专业发展，读书是第一要义。王崧舟老师说："一个老师，尤其是语文老师，在他的举手投足之间，在他的音容笑貌之间，能不能少一点市侩气，能不能多一点书卷气，取决于他能否做到天天读书。"我们处于一个信息爆炸时代，被手机左右了时间，能静下来读书，成了难事。

走着，走着，我渐渐明白：很多时候我们以为自己不会上课了，其实不是真的不会上课了，而是我们终于发现自己读书甚少。

窦桂梅老师说："读书是最好的化妆品，因为读书能使人变得有内涵，有修养，有气度，这样的人眼睛里闪烁的是迷人的光彩，这样的老师在课堂上才能纵横捭阖、游刃有余。"

在教学中，你会发现：一些在课堂上不怎么听课，但喜欢读书的孩子，他们的语文成绩往往比较优异。我们不得不认真审视这样的现象。其实，只要仔细琢磨，不难得知：读书是让孩子的语文成绩、能力提升的好方法。我们所教的内容对部分孩子来说并无实际功利之用。设身处地想想，你还记得学生时代老师给你上过具体的哪篇课文吗？不瞒你说，我是不记得了。也许你遇见的那位老师的才华横溢影响了你，也许你碰见的那位老师一句鼓励的话激发了你，总之不太可能是具体的知识讲解。所以，学生爱上了语文，才能把语文学好。

我们当了语文老师，让学生爱上语文是我们该做的事。退而言之，在成为教师之前，我们的语文水平是如何提高的？大概皆从读书与行路得来。那么作为老师，在不影响其他科目教学的情况下，尽可能让学生多读书，是我们该做的事。不过，我一向反对一些老师疯狂抢占学生所有时间，布置大量阅读作业，这绝非善举。至于行路，在当下，语文老师能做的其实也有限，需要学校、家长支持配合。

现在，一些人以语文卫道士自居，他们动辄宣扬考试无用论，考试是扼杀语文学习的天敌，常常给老师灌输此类心灵毒鸡汤。我不敢也不会以恶意来揣测他们，但我怀疑他们是否有过一线教学经验，或者是否已经离开了校园，又或者他们在一线时是否受学生欢迎且教学成绩理想。因为现实是，如果没有了考试，我们的教学以什么样的方式来考量？尚未可知。当然我们只有不断地优化考试形式与内容，才能更好地衡量学生的语文能力。以我的教学实践证明：学生的语文能力必须经得起当下的考试检验。

离开中学语文教学岗位后，我去了教研部门从事小学语文教学研究，有幸被邀请上过几次全国示范课，虽然课堂上没有中学教学时对于知识的捉襟见肘，但在方法指导上显得游刃不足。在中学课堂上，当我执教某些经典名篇时，往往战战兢兢，生怕出了差错。

当教师内心缺乏底蕴的时候，眼里很难有学生。没有了学生，遑论教学！当你有了底蕴，眼里有了学生，教、学才能及时转化，课堂便有了境界。一些老师总把进步寄希望于观摩名师的课堂，俨然一"追课族"，这只不过是缘木求鱼罢了。教学的造诣需要长年的积淀，读读自己该读的书，这是最根本的方法。

要想成为一名好教师，啃老本儿是不行的，懒惰更是不行的。以前我常常感觉浅陋与无知，甚是遗憾；幸好，亡羊补牢犹未晚矣，继续努力，方能弥补之。

所以，我要求团队老师一月读一本书，读自己喜欢的书，文学、哲学、教育学、心理学都行。举个例子，我们在撰写《教育机智：优秀教师专业发展必备素养》一书时，大家就共读了马克斯·范梅南的著作《教学机智：教育智慧的意蕴》，一致以为收获满满。

语文教师如此，其他学科教师亦如此。

我们的专业发展到底能走多远，就如李希贵校长说的那样："一个人的未来取决于他读不读书，读什么样的书。一位教师能走多远，取决于他能否独立思考。作为一名教师，我们不能不读书，不能不思考。坚持读书，勤于思考，我们才能始终像儿童那样睁大眼睛看世界，才能不断有新的发现。"

┃ 一月写一篇教学心得 ┃

教师的专业发展离不开写。写的好处，在此我不再赘述。不少老师懒于写，越懒于写，就越来越不会写；也有老师埋怨抽不出时间写，找个借口，就不再写。我要求老师们一个月写一篇教学心得，不要求多，也不要求长，但一定要把自己印象最深刻的事记录下来，写好教育叙事，留下教学心得。写着，写着，就养成了习惯。

┃ 一月研究一位名师的课 ┃

教师专业成长需要博采众长，厚积薄发。研究名师课，是一种重要积累。国内一流名师的教学风格是什么，他们课堂的优劣在哪里，哪一节课你最喜欢……这些我们都要去研究。例如我们研究王崧舟老师的课，他的诗意语文指什么，他的经典课例《枫桥夜泊》有什么特征等，都需要我们一一研读，仔细揣摩，积极拿来。我建议一个月研究一位名师的课，看他的上课视频，研读他的教学实录。有读者朋友会问：如何研究教学实录呢？我举个简单的例子。看实录，你看名师教了什么，然后看是如何教的，也要看学生是如何学的，学得如何，等等。通过这些方面的记录，就会慢慢摸出一些上课的门道。研究名师的课大抵有三个境界：看课看的是人，看老师的外部表现（主要体现在语言上）怎么样——低层次；看课看的是课，看上课的内容——较高层次；看课看的是人，看老师对学生是否有爱（通过言行看内心）——高层次。

　　成长，从研究起步。

┃　一月上一堂让自己满意的家常课　┃

　　教师的生命在课堂得以实现其价值。一些老师热衷于研究比赛的课堂，去听一些老师的课，感觉他们就在舞台上表演一样。老师的研究要聚焦自己的课堂，上好家常课。一月上一堂让自己满意的家常课，要求确实太高。到目前为止，我似乎还没有上出让自己满意的课。但"取法乎上，仅得其中"，严要求、高标准，是没有错的。

一年写一篇教学论文

老师要不要写教学论文呢？这根本不需要讨论。写是很有必要的。但我们不要求为了写论文而写论文。一年写一篇高质量的论文，不为过。单从功利的角度上来说，评职称是需要的。如果仅仅是为了评职称而去写论文，那是非常可怜的。一年写一篇，集中精力，把自己认为最重要的想法形成论文，这是一种精神创造，非常有利于专业成长。专业成长，归根结底是思想的成长。论文写作就是为了提炼思想。

"五一"常态学习，使得老师们有了可学的方向和内容。当然，基础好的老师完全可以超越，不必拘泥于此。

一个优秀的团队一定会树立一个集体的形象。这种形象是一种精神气象，是从骨子里散发出来的。本着为区域教育服务的宗旨，我们努力做到：放低身姿，潜心研道，磨剑十年，淡泊名利，求真务实；志同道合，共筑平台，惜缘珍情，交流切磋，碰撞思想；在永州本土，站成一片风景，坚守良善，为永州语文强盛而不断努力。

同时我也提出了团队的研学方向：善良、忠诚、感恩、担当。

学会沉静，学会坚守，就如田野里默默无闻的草，与自然一起生长；用爱心对待孩子，用真心对待同事，用热心对待生活；在课堂上教孩子说真话，行真事，做真人；鼓励孩子多读书，读好书；关注农村教育，坚持送教下乡，跟乡村学校建立长久的联系，给农村孩子送去教育的温暖；以发现的视角去看待语文，去真教语文，做真教育，做真性情之人。

成立大会上，我特邀全国中文核心期刊《中学语文教学参考》编委会主任、陕西师范大学硕士导师张万利教授担任"春来咏语"团队的学术顾问，张教授对于团队寄予了很高的期许，希望团队能够形成自己的地方特色、学术色彩，在湖湘大地，乃至全国都能发出自己的声音。

"春来咏语"教研团队的成立，为永州各县区不同学段的优秀年轻教师提供了交流的平台，我希望这些年轻教师在专家的引领下迅速成长起来，既能为永州语文教育亮出特色，也能成为点燃当地语文教育的一颗火种，以点带面，促进永州语文教育的蓬勃发展。

作为教研员，不是说有多伟大，而是有一颗"利师"的心，心里装着老师的成长，虽然教研员是为他人做嫁衣的，但为他人做了嫁衣后，你也许已成长为一名出色的缝纫大师。做工作室的主持人，亦如是。

养成"悟学"自主习惯

成人学习不同于儿童学习。任何的约束都会遭到一种反弹，就如弹簧，你压得越紧，它弹得越用力。形成一种自主的习惯，比强迫的学习有价值。

2018年11月，"春来咏语"教研团队柳子庙雅集。在柳子庙前，小石潭边，我们与圣贤静晤。

"南风之薰兮，可以解吾民之愠兮。南风之时兮，可以阜吾民之财兮。"群山环拥的潇湘大地，茂林幽篁，清流激湍。隔着文字的眺望与遥想，我们听到了来自远古的韶音。舜帝南巡那古老的传说，携卷着人类素朴的民本思想和史前文明，以血液和心跳的速度深情地奔流，潇湘的每一寸土地，充满了沛然之气。

"阳春布德泽，万物生光辉"，柳子庙前，与圣贤对话。植根永州大地，传承文化，以德育人，以德立身，悟学笃行，是"春来咏语"教研团队的圭臬。

2019年2月20日，"春来咏语"教研团队的5位成员在"十二公里杯"首届全国互联网+魅力公益语文教师评选比赛中获嘉奖。这是"春来咏语"教研团队第一次集体参赛，此次大赛有来自全国16个省44个市州194所学校推送的308

位教师参与角逐，由湖南省中语会提供学术支持，只有 50 名优秀教师经过了严格评审获得荣誉称号。

此次获得"十二公里"风采教师奖的"90 后"周春勇是"春来咏语"教研团队里一个飞速成长的老师，任教于双牌县最偏远的蔡里口小学。这个走上讲台才四年的青年教师自任职第一年便得到了我的精心指导，取得了可喜的成绩：其 2016、2017 年所任教班级语文成绩在双牌县统考中获第一名，2016、2017 年连续两年被评为"双牌县优秀教师"，2017 年获"双牌县优秀班主任"称号，2018 年 7 月获"中国新生代乡村教师奖"，11 月获"湖南好老师"荣誉称号，事迹登载于《课堂内外》杂志。

"吴春来老师的无私付出和坚守勤勉激励着每一个'春来咏语'教研团队的成员。作为一个奋战教育一线多年的语文教师，一个苦苦追寻教育真理的语文教研员，他一直全身心地做着一件事——当一个有良知的教育者。每个成员的教研稿，他反复修改；每个成员的教研课，他反复打磨……在吴老师身上，始终倾注着对语文的热爱，对学生的深情，对教育的担当，对平庸的反抗，对卓越的追求，对理想的渴望，他一直在激励着我们努力奔跑。十年磨一剑，我们把梦想刻写在奋斗的坐标上，敢于拼搏，敢于付出，终究会到达成功的彼岸。"获得"十二公里"魅力名师奖的老师如是说。

2022 年 10 月，《十几岁·高中生阅读与写作》的编辑团队与教研团队共同策划了"向经典学写作"系列，打开了团队老师们写作研究的视野，也激发了他们的研究欲望。这是团队学习专业论文写作的又一次良机。

文化研学、参与比赛、研究写作，都是"悟学"的重要内容，这样的内容，老师们喜欢，他们由被动走上主动，由旁观者变成参与者。在学中做，在做中学。每一次帮助老师成长，自己也在成长。团队成长形成了一种合力，有一种强大的磁场，激发无穷的魅力。

凝炼"悟课"有用之法

2019 年元旦，我为团队成员立下了新年目标：以悟课为轴线，撰写《教师喜爱的 36 堂名师语文课》。

带领老师们"悟课"，成了我 2019 年的重要任务。这是一件很难的事。

难就难在教老师们提炼教法。名师们的课，老师们不一定能发现其特点，遑论发现教法。但话又说回来，发现了教法，也就悟出了学法。比方说，有老师看了陈钟樑先生执教的《致橡树》后，我就引导她提炼出"诗歌教学要注重'三感'"的观点；有老师欣赏完宁鸿彬先生执教的《皇帝的新装》后，我就点拨他总结出"巧用'三化'，构建高效阅读课堂"的方法……

带领老师们"悟"的过程，也是我在"学"的过程。老师的悟课稿，被我改得面目全非。修改的时刻，也是我思维加速飞转的时刻，对名师的课，我再一次加深理解，同时生出了不少批判的想法。说到这里，我想抒这样一段情：

也许，在一个成年人的记忆里，那一页一页被老师用红笔圈圈点点批改的作业本已尘封在岁月深处，渐渐模糊。然而，岁月不会忘记，当我一次、两次、三次、四次直到十几次地修改，师者仁心，记忆的阀门打开，每一位成员的内心再也无法平静。

在新田云梯学校任副校长的沈涵彬老师听说我在宁远视导教学工作，虽已是晚上十点，毅然带上书稿驱车赶来宁远。近两个小时的车程，换来十分钟的面谈、十分钟的当面修改，语文之法、教育之道、文本的艺术魅力、教者的人格浸染，使那苦苦思索却杂乱无序的状况顿时清晰明朗。

团队特邀湖南省中语会理事长张良田先生、《中学语文教学参考》编委会主任张万利先生担任顾问，并取得"大夏书系"编辑卢风保先生的大力支持。历时一年的艰辛打磨，《教师喜爱的36堂名师语文课》终于面世。

"春来咏语"教研团队以全新的视角来看教师喜爱的语文课，这样的视角如同新生婴孩来到世间那最美丽的初见，这样的遇见有灵气、有生机、有创造力；这样的视角有如雏凤，清越之音犹如天籁，必将与众不同。

"我亲眼见证了该书从策划、组团队、分工、编写、修改、完善到定稿的全过程，又先睹为快地拜读了编写好的完整书稿，我得到的总体印象是：这本书就是一部运用案例教学法给中小学语文老师们实施在岗培训的鲜活生动的案例分析教科书。"湖南省中语会理事长、湖南师范大学教授张良田如是说。

"好课有思想，观课有立场，处处显智慧，学养做根本。语文教师的专业成长，离不开对经典课例的揣摩、模仿和复制。好课人人看得见，不见得说得清。设计精巧、课堂精致、教学精妙、活动精彩……这本书将为您阐释、解构经典课例的精妙及支撑的学养。"作为团队的学术顾问，张万利先生做出了客观的评价。

"春来咏语"教研团队编写的第一部书，为永州这些来自各县区甚至各乡村学校的老师们提供了发展的平台。《教师喜爱的 36 堂名师语文课》受到了广大教师读者的喜爱。正如合肥鹏程学校语文教师王国敏评价说：

语文名家 36 堂课碧草如茵，诗歌教学自然是繁花似锦。王旭明老师品诗歌"三昧"，戴建荣老师"且吟且诵品诗韵"，李仁甫老师信手拈来，陈仲梁老师在朗诵中培养语感美感情感，程红兵老师简约丰厚，都是有益的探索。吴春来老师《天上的街市》如"风行水上，灵动飘逸"。他注重生成，在朗读中得其神韵，点拨中铺垫升华，尽显春来老师的才气与魅力，自然促使学生内化于心，受益终身。写作课无疑是许多老师的短板。这本书选择了张化万、贾志敏、管建刚、郑桂华等老师的课堂节录。他们借助于活动，让作文教学具体可感，从源头开始，寻觅写作的良方。这些老师为我们做出了很好的示范。袁源老师从高考作文导入，引领学生回归生活，去思考人生，生成联想。整本书阅读指导课，是语文教学百花园中的"新秀"。王文丽老师关注儿童的兴趣、方法和人格成长，蒋军晶老师注重问题设置，王珍湘老师唤醒体验，余党绪老师思辨式阅读指导，陈金华老师精选提炼，引领我们去探索整本书阅读指导路径。好的课堂需要好的"知音"。吴春来老师主编的这本书，实现了教者与悟者心灵的契合，从而使语文课堂的"大观园"争奇斗艳，春意盎然。

　　"悟学"与"悟课"内化为"春来咏语"教研团队的基本底色、文化标签和发展动力，外化为"春来咏语"教研团队的丰满形象。参加悟课编写的谢海波老师和曾琳老师在2019年的市级教学竞赛中将悟课心得用于课堂，深得同行好评，分别获得初、高中学段第一名。

　　为更好地研究课堂，2022年9月我们送教到双牌何家洞小学，我亲自上"五多课堂"示范课，让团队成员悟课，全力支持何家洞小学的"五多课堂"教学改革。

形成"悟教"团队特色

　　打开"春来咏语"团队的教研画卷，总有一种精神鼓舞前进，总有一群身影催人奋进。回望团队的人物故事，总能感受到一种独特的秉性，一种充沛的热血，倾诉着对教育的深情。

　　2019 年 8 月 6 日，"春来咏语"教研团队在永州市新田一中集中研教。酷热的暑期，老师们刚刚结束了繁重的教学工作，来不及休息，来不及多陪伴家人，我们赶赴新田，通过说课、片段教学、课后反思、课文解读、经历分享等进行汇报和交流，自主研究语文教学。

　　在这个自发组建的语文教研学习共同体中，一群奋战在教学一线的语文人，对当下教学工作的困境有着清醒的认识；我们跋涉在教学教研的丛林，无论如何也要为孩子开拓一条健康成长之路，并在这一挣扎、奋斗过程中寻求并获得自己生命的意义与价值。

　　在即兴点评和微讲座中，我对"春来咏语"教研团队提出了新的展望和标识：要多发现，要少告诉；多到学生中去，多让学生提问，多让学生展示，多让学生思考，多让学生讨论。在一旁观摩的新田一中副校长李气发说："听了吴老师的点评，我深受感动。仅仅一年的时间，你们就成长到这样高的水准，不可思议啊！相信有着你们这样一批热爱语文的老师，有着你们这样专业的团队，永州语文的春天会姹紫嫣红！新田的教研团队要以你们为榜样，以'春来咏语'教研团队里的新田成员为核心，像你们一样精进。"

团队里的"90后"教师周春勇说："吴老师的'五多课堂'以展示为学生诊断问题，同时要求老师多到学生中去，相机指导个别学生，核心是用学科思维，解决学生问题。这是建立在小组合作上的课堂，是主张学生'自学、乐学、互学、帮学'的课堂，是等待学生思考的课堂，是尊重学情，有书香底蕴、有思维拓展、有延伸、有检测的课堂，是追求平等、和谐、激情，而不追求完美，以实现学生学习权利为目的的课堂。我在香港研学时，在那些经过专家们多年论证的教育理念里惊异地发现了吴老师日常教学的理念核心，那是一种多么让人震撼的发现啊！"

为提升团队教师文本解读与教材处理能力，以点带面，提高各学校语文教师把握教学目标与教学内容的能力，2020年元月16日，我组织"春来咏语"教研团队成员在永州市神仙岭小学进行了为期四天的集中研修。

研修以课课练命题研究为基点展开，从如何设计合理的课时练习的角度，引领团队教师开展文本解读研讨，把每一次命题都当成是设计一次教学活动，让创编的题科学性与艺术性并举。

我以六年级上册第一课《草原》为例，逐段逐句教大家进行文本解读。"先写景色，再写感受，写景色时遵循一定的描写顺序……"进行集中讲座之后，让老师们开始分小组进行命题研讨，对老师们提出的问题进行解答，手把手指导他们理清教学目标与重难点，合理编题，及时纠正认识上的偏差。

四天的研修活动结束之时，老师们都感觉受益匪浅，文本解读高度与深度明显有所提高，命题的指向性与灵活性都大大提升。教学研究如浩瀚深海，老师们纷纷举手表示要将执着的教研精神带回学校，将每一次的教学活动都当成一次认真的研修实践，持之以恒，逐步提高自己的教学设计能力。

为集中答疑解惑，2020 年 5 月 30 日，组织了为期两天的第二次集中研修，研修围绕如何提升教材处理能力展开。

从"教语文、学语文、用语文"的角度，我着重突出编写能解放学生的课后练习的重要性，引领老师们以"有思想、有情感、能育人"为命题目标，深度解读教材，理解编者意图，尊重学生的认知规律，精准命出好题、活题。

团队成员也纷纷热情分享自己的命题心得，徐家井小学教育集团廖亚男老师以"定标清点广涉猎　精读细研巧设题"为题，清晰地总结了自己编写一年级上册课时练的经验和审定四年级上册习题中遇到的困惑。廖老师将命题要点归纳为六个——定目标、精读文、清考点、巧设题、重实践、广涉猎，并分别举例做了详细说明。

团队成员、宁远县实验中学语文教师姜力强也提出了自己在审题过程中发现的问题，并分享了自己的修改心得。姜老师主要提出了六个问题：1. 零敲碎打，缺乏课程意识；2. 语言表述不严谨，题干指向不明确；3. 知识点重复；4. 答案（评分标准）简单，宽泛；5. 思维导图不能起到"课堂瞭望"的作用；6. 没有充分考虑学生认知水平，拔高难度。针对问题，我组织了研讨，逐一交流解答，为老师们拨开重重迷雾，直至明净澄澈。

为了更好地理解教育，2021 年，我带领老师们研究教育叙事写作，经过一年的努力，我们的《教育机智：优秀教师专业发展必备素养》于 2022 年 1 月由华东师范大学出版社出版，这是永州教师第二次集体亮相"大夏书系"。

从 2022 年始，我们经过两年的努力，在班主任工作上做文章，成果《班主任家校沟通的艺术》已于 2024 年 5 月出版，团队教师第三次集体亮相"大夏书系"。5 月 6 日，我们联合永州市李苏芳高中语文名师工作室在道县五小举办了新书发布会。我还应"大夏书系"邀请参加了由李永梅副总编、程晓云编辑共同主持的"教育里的有效沟通"直播连线活动。她们夸我很有思想。这次直播活动，让我在另一个平台展示了自己和团队。

无论是严谨的治学态度，还是深厚的教学底蕴，作为团队导师，我都给老师们树立了榜样，引领着老师们前行。文稿上那认真批注的圈圈点点，带着智慧，带着温度，走入了每位在场的语文老师的思想深处，陪伴老师们走过教学钻研的每一步。

《十几岁·高中生阅读与写作》隆重介绍"春来咏语"团队，杂志编辑赞叹道："第一次见到这样一个没有任何经费的自发组织的团队，能产生如此大的教育影响，真是了不起。"

2023 年底，我南下广州，组建了"春来咏语"南沙团队，两地联合教研，共同发展。

回想过去，得出最重要的一条经验：团队一定要在活动里成长。每一年确定一个活动主题：2019 年，悟名师之课；2020 年，命题研究；2021 年，教育叙事；2022 年，班主任家校沟通；2023 年，研究"五多课堂"；2024，专业成长。

团队老师有了明确的研修内容，他们也有了方向，这样的研修不盲目、有主题、有成果。

也许有人问，带团队的秘诀是什么？我归纳为"六一"带团心得。

一种情怀：以纯粹的心，做纯粹的事。这样的团队，因了纯粹的心，故而做了许多纯粹的事，自己也在专业发展之路上与他们一起在成长。把真教育做下去，与老师们一起成长，不是耍嘴皮子的功夫，而是真行动、真付出。

一种理念：自主选学，自我成长。加入团队的老师都是主动成长的老师，不能以自己的主观意愿去强迫老师，而是根据他们自身的特点，促其自我发展。只有适合自己的，才是最好的；只有自我发展，才能最好发展。

一个目标：成为区域教育的先锋队，有自己团队的课堂品牌。团队要释放教育的正能量，要成为标杆和榜样。团队要形成凝聚力，必须有自己的课堂品牌，大家一起研究，形成合力。树立课堂品牌，不是标新立异，而是寻找规律，按照规律办事。

一套方法：有些事情看我做，有些事情一起做，有些事情自己做。作为团队导师，老师们不会的事情要做给他们看，起到示范的作用；困难的事情大家一起干，同甘共苦；更多的事情，放手让老师们自己干，充分发挥他们的积极性和创造力。

一条路径：始于课堂，终于课堂。教师的成长要在课堂里，所有的活动都是有利于促进课堂教学的。一辈子坚守在课堂，把课堂当课题，生无所息，孜孜以求。

一个平台：让团队成为老师展示的舞台。带团队不是给自己扬名，而是为老师搭台，让他们在团队多展示自己。尤其是年轻的老师，他们太需要平台了。有平台才有机会，我们要做的就是寻找各种机会让老师们更好地发展。

很多年后，我希望，我们的团队还能记起这样的歌唱：

"十年磨一剑，以点带面，共同促进永州语文教育的发展。"这是永州这块土地的深切嘱托，更是你，是我，是我们永州所有语文人的初心、使命和梦想。

打开"春来咏语"团队的教研画卷，

总有一种精神鼓舞前进，

总有一群身影催人奋进。

回望团队的人物故事，

总能感受到一种独特的秉性，

一种充沛的热血，

倾诉着对教育的深情。

岁月不会忘记，他们刚刚走上讲台，青涩稚嫩而满溢激情。

他们是长年奋战在教学一线的教师，深夜的路灯和凌晨的启明星铭记着他们的脚印。

他们是老师，承受教育的一切压力，他们有的身体抱恙，有的亲人在医院住院需要照料，他们有年幼的孩子要照顾，他们承受生活的繁重和庸常。当夜深人静，他们打开书本，在电脑上敲下一行行文字，黑寂的夜变得如此诗意而温情。

他们沉静，他们坚守，他们只是一群默默工作、默默生活的人，就如田野里默默无闻的草，与自然一起生长。他们默然勃发，吮吸精华，欣然纳悦，兼收并蓄，自由奔放，生长，苍翠。

置身"春来咏语"教研团队，

总能感受到一种蓬勃的生机，

生命的姿势里蓄积着

一股历史的张力，

一种文化的浸染。

岁月不会忘记，永州这块土地上，有一群语文人，怀一腔语文梦想，抱一份从容恬淡。

古人云：美言不善。很多人太善于说了，说得冠冕堂皇，而内心却是肮脏不堪。带团队就是要活明白，活明白了，亦明白了团队的意义。

在这个世上，总有一些人是怀着教育的梦想而活的。他们的意义就在于，让教育越来越美好。一个团队，人心复杂，完全纯粹亦是不可能的。但我们一定要看到那些纯粹的人，你才能看到希望。

我们的教育太需要纯粹了：以纯粹的心，做纯粹的事。

后　记

　　《何以成长：教师专业发展的 7 项修炼》交稿在即，循例还得写下"后记"。

　　写这本书，我时而噙着泪，时而含着笑，时而忧伤，时而快乐，一字一句，慢慢斟酌。这是对我 20 多年教育生涯的回顾与总结，也是对教师专业发展经验的梳理与凝炼。

　　2020 年 12 月，我顺利评上湖南省中小学正高级教师，距我参加工作刚满 17 年。回首往昔，感佩莫名。常有老师问我，专业成长的密码是什么？一路走来，知我者谓我心忧，不知我者谓我何求；一路走来，有"一日看尽长安花"的踌躇满志，亦有"行路难，行路难，多歧路，今安在"的失落苦痛。一次，广东省正高级教师郑冬梅老师听完我的示范课后，写下这样的评价：

　　吴春来老师的课，那真的是春风化雨，潇洒自如。他的"五多课堂"充满了勃勃生机，充满了生命律动，充满了生长灵性。

　　我的课，也许真的没有郑老师说得那么好，但我的的确确是在课堂里成长起来的。课堂，让我快乐；课堂，促我成长。

突然忆起曾经看到的一档电视节目《非常 6+1》，"6+1"中的这两个数字，与我的专业成长有点关联。这里的"6"是指大赛中成长、评课中成长、支教中成长、提炼中成长、团队中成长，"1"是指日常中成长。这些都跟课堂紧密相连。

我就是这样从课堂里走出来的。每一次成长，都会有一种撕裂的痛苦。然后在痛苦中，渐悟成长。曾经的事情，已经成为故事；而现在的事情，必将成为故事。我是何以成长的？大抵就是这样成长的。

我特别喜爱这本书，甚至每一个字，尽管不乏笨拙，我都深深地爱着。我想过请知名人士为书作序，一定会增辉不少。思考良久，由一位更懂我的普通的老师来写，更为妥帖；因为懂得，所以更有意义。于是我想到了"春来咏语"团队的李苏芳老师，她多次现场听我的课，为我整理不少资料；她来写，是最适合不过的了。

我不太赞成专业成长有什么捷径可走。我羡慕、敬佩那些在平凡岗位上潜心钻研的老师们，所谓的名师，只不过一张证书而已，而真正的名师，在老师眼里，在学生心中。"禅要自参求印可，仙须亲炼待丹还。卖花担上看桃李，此语吾今忆鹤山。"书稿逾 18 万字，是我对教师专业发展的一点拙见，如果简而言之，不过九字而已：真实践、真思考、真写作。

成长之路是艰难的。

一晃就到苏东坡写《念奴娇·赤壁怀古》的年龄了，南下羊城回想往昔，感佩莫名，偶得几句，聊表心怀："行路难，行路难，八百里洞庭极潇湘。人生踌躇终有限，八愚千古是文章。姜公垂钓遇贤主，茅屋三顾美名扬。行路难，行路难，十年一剑出湖湘。蛟龙入海当时意，一诺千金诉衷肠。稼轩金戈望中原，长安不见泪潸然。行路难，行路难，赤壁怀古醉江月，人间正道是沧桑。"这本书既是告别，也是开启。经历的一切，也许皆为最好的安排。

周末，从广州回到永州。在熟悉的地方，写下"后记"，也是对我曾经工作过的地方的一种回敬。

前段时间我正在写作，湖南科技大学教授李学博士突然发来一条信息，原来是大学母校把我作为优秀校友来宣传的一张照片。今日，谨以此书献给我的母校湖南理工学院，感谢您四年的栽培；也借此献给那些就读于普通高校有志于投身教育事业的青年学子们，英雄不问出处，努力前行，相信自己。

我能走到今天，安心从事研究，得益于夫人的理解与支持。今日她生日，这本书平添了另一层价值。

感谢那些爱我和我爱的人，让我勇敢告别昨天，以全新的姿态拥抱明天。

吴春来

2024 年 6 月 26 日于永州